ERICH SKOPEK

Fünf Freunde bleiben im Gespräch

Eine Collage bunter Ideen

novum pro

www.novumverlag.com

Bibliografische Information der Deutschen Nationalbibliothek:

Die Deutsche Nationalbibliothek verzeichnet diese Publikation in der Deutschen Nationalbibliografie. Detaillierte bibliografische Daten sind im Internet über http://www.d-nb.de abrufbar.

Alle Rechte der Verbreitung, auch durch Film, Funk und Fernsehen, fotomechanische Wiedergabe, Tonträger, elektronische Datenträger und auszugsweisen Nachdruck, sind vorbehalten.

Gedruckt in der Europäischen Union auf umweltfreundlichem, chlor- und säurefrei gebleichtem Papier.

© 2024 novum Verlag

ISBN 978-3-99146-685-7
Lektorat: Isabella Busch
Umschlagabbildungen: Erich Skopek, Lalan33 | Dreamstime.com
Umschlaggestaltung, Layout & Satz: novum Verlag
Innenabbildungen: Erich Skopek
Autorenfoto: Franz Reithmeier

www.novumverlag.com

Inhaltsverzeichnis

Prolog 8

Vorwort 9

Abfahrt 11
Von den Römern zur Landeshauptstadt 26
Drei Wochen später 29
Der erste Brief 33
Der Heurige 39
Klimaschutz aus dem Genlabor 42
Der Papst, der nie in Rom war 43
Das Gespräch geht weiter 47
Von einer Nebenrolle zur Königin 51
Die Freunde, die nach Norden fuhren 53
Der Gast 71
Ausflüge in die Umgebung 73
Ein neuer Mensch 77
Ein Missverständnis 81
Edelsteine 84
Unser alltägliches Leben 87
Intervall 94
Neuerliche Freude 99
Einsame Gedanken 104
Ein neuerliches Ärgernis 109
Die Aussichtswarte 114

Epilog 120

Dank 121

Sämtliche Namen und Ereignisse in diesem Roman sind frei erfunden. Letztere vielleicht doch nicht alle. Nur die Orte und die sich in ihnen befindlichen sehenswerten Bauwerke gibt es tatsächlich. Man kann sie jederzeit besuchen und bestaunen.

Prolog

Die Toleranz wird ein solches
Niveau erreichen,
dass intelligenten Menschen
das Denken verboten wird,
um die Idioten
nicht zu beleidigen.

(Dostojewski)

Die Mutter der Dummen
ist immer schwanger.

(Lebensweisheit)

Vorwort

Liebe Leserin, lieber Leser!

Ab dem Zeitpunkt, als ich zusammenhängend lesen konnte, nahm mich mein Vater alle vierzehn Tage in die Stadtbücherei in St. Pölten mit. Aus dieser Zeit habe ich viele positive Erinnerungen an die vielen Schätze, die sich mir dort auftaten. Zu Beginn waren es die Bücher über ‚Die fünf Freunde' von Enid Blyton, die mein Interesse weckten. Ihren Abenteuern fieberte ich von Woche zu Woche entgegen. Danach waren es die Werke Karl Mays, mit denen ich unzählige Reisen in weit entfernte Länder unternahm, denn wirkliche Reisen dorthin waren damals nicht so üblich wie heute. Es war die Zeit, als Winnetou noch reiten und Old Shatterhand seinen berühmten Fausthieb ausführen durfte. Eine Zeit, in der man unter kultureller Aneignung vielleicht den Diebstahl eines Gemäldes verstand. Und auch das Buch ‚Charlie und die Schokoladenfabrik' von Roald Dahl mit der Illustration von Horst Lemke hat bei mir keine dauerhaften Schäden hinterlassen; ebenso wenig, wie es die Verfilmung mit Johnny Depp in der Hauptrolle in späteren Jahren getan hätte. Ich hoffe trotzdem, dass Sie Freude mit der folgenden Erzählung haben, auch wenn ich – um die deutsche Sprache zu schonen – weitgehend auf das Gendern verzichte. Ebenso auf die ‚Political Correctness', auch wenn man mir deswegen vielleicht die GeSpraPo, die geheime Sprachpolizei, an den Hals wünscht. Noch habe ich keine Angst, dass mich die ‚Cancel Culture' an den modernen Pranger stellt. Wie es aber damit in unserer Gesellschaft weitergehen könnte, habe ich in meinen beiden ersten Romanen ‚Fünf Minuten nach zwölf' und ‚Mitternacht der Welt' deutlich dargelegt.

Lassen Sie sich den Spaß trotzdem nicht verderben und legen Sie das Buch nicht aus der Hand. Denn es könnte Ihr Leben wirklich bereichern, auch wenn diese Phrase schon zu oft von Gutmenschen missbraucht wurde. Unter dieser Spezies verstehe ich nicht solche Menschen, die anderen wirklich etwas Gutes tun, sondern solche, die sich in ihrem Handeln an einem bestimmten, meist linken, Muster orientieren und sich danach selbstgerecht auf die Schulter klopfen. Solche Menschen, die propagieren, dass Kinder von ausländischen Mitbürgern oder solche mit Behinderung in den für alle zugänglichen öffentlichen Schulen unterrichtet werden sollen, ihre eigenen Kinder aber auf teure Privatschulen schicken. Eben die, die sich von ihren Eltern mit dem Elektro-SUV zur wöchentlichen Schulschwänzerdemo kutschieren lassen. Nein, aber nicht mit mir. Die folgende Geschichte handelt von Personen, die oftmals verschiedener Meinung sind, diese auch offen vertreten, aber doch imstande sind, feste Beziehungen aufzubauen. Manchmal ändern sie ihre Meinung und zeitweise beharren sie auch auf diesen. Sie bleiben sich selbst treu und verbiegen sich nicht aus falsch verstandener Toleranz. Auch wenn sie manchmal verschiedene Wege gehen, sie können sich aufeinander verlassen und stehen sich in schwierigen Zeiten bei. Daher beginnen Sie mutig und mit voller Erwartung mit der Lektüre.

Abfahrt

Es war der 14.02.2023, ein Dienstag – Valentinstag. Herbert Meinhardt und Erwin Nemec trafen sich das erste Mal an diesem Tag in einem Kaffeehaus in Mariazell. Meinhardt hatte in dieser Stadt (rein politisch gesehen) seinen Nebenwohnsitz. Seine Lebensgefährtin, Christine Bürger, war an diesem Vormittag ehrenamtlich unterwegs und brachte älteren Menschen, die sich nicht mehr selbst versorgen konnten oder auch nicht wollten, das Mittagessen. Er war pensionierter Sozialversicherungsangestellter, hatte aber in seiner Jugend verschiedene Tätigkeiten ausgeübt. Als Gärtnermeister hatte er in der Fachschule, in der er seine Ausbildung erfahren hatte, als Pflanzenschutzbeauftragter gearbeitet. Danach baute er für eine soziale christliche Stiftung in Kärnten eine Gärtnerei auf und betreute in dieser lernschwache Jugendliche in einer Art Anlehre für den späteren Einstieg ins Berufsleben. Unerwähnt soll auch nicht bleiben, dass er für sechs Monate bei einer Lokalzeitung als Lektor tätig gewesen war. Auch Erwin Nemec hatte mit der Landwirtschaft zu tun. Er betrieb eine Gemüsegärtnerei und zusätzlich einen Weinbaubetrieb. Seine Weine vertrieb er dreimal im Jahr in seinem eigenen Heurigenlokal, in dem es in dieser Zeit auch hervorragende Speisen gab. Den Rest verkaufte er an verschiedene Gasthäuser. Deswegen war er auch nach Mariazell gekommen, um dort seine beiden Kunden zu besuchen. Erwin und Herbert kannten sich schon über vierzig Jahre, denn der Gärtner hatte seinen Betrieb in Langenlois am Kamp, wo auch die Gartenbaufachschule ihren Sitz hat. Auch wenn der Kontakt nicht mehr sehr eng war, so hatten sie sich doch all die Jahrzehnte nicht aus den Augen verloren. Herbert besuchte Erwin und seine Frau, wenn er in Langenlois war oder von dort einen Ausflug ins Kamptal machte.

Nemec war diesmal mit dem Zug unterwegs, da er noch nie mit der Himmelstreppe der Mariazellerbahn gefahren war, die einen wunderbaren Panoramablick auf das Dirndltal und auf die Bergwelt der Voralpen bietet. Sein Auto hatte er in St. Pölten auf dem Parkplatz für Pendler hinter dem Hauptbahnhof geparkt und war danach in den Zug umgestiegen. Staunend hatte er die Landschaft betrachtet und auch einige Fotos, vor allem von den Bergen, mit seinem Handy gemacht. Gefrühstückt hatte er gleich nach dem Einsteigen in den Zug, nachdem er sich vorher am Bahnhof mit einem Heidelbeermuffin und einem ‚Coffee to go' versorgt hatte. Seine Gespräche mit den Wirten waren erfolgreich verlaufen und er hatte sogar einen neuen, einen dritten Kunden in Mariazell dazugewonnen. Einer seiner beiden Abnehmer hatte ihn weiterempfohlen und war dafür natürlich mit einem besonderen Preisnachlass belohnt worden. Das zweite Mal am Tag trafen sich die beiden im Jagasaftl, einem Kiosk in der unmittelbaren Nähe des Bahnhofs. Denn aufgrund der extremen Witterung hatte der Zug eine halbe Stunde Verspätung. Das bekannte Mariazeller Jagasaftl, ein bekömmlicher Magenlikör aus sechzehn verschiedenen Kräutern, blickt auf eine achtzigjährige Geschichte zurück und wird vielfach von den Touristen eingekauft. Aber die beiden Bekannten bestellten sich ein Krügerl Bier bzw. einen Apfelsaft gespritzt. Auf ein Essen verzichteten sie, da sie beide noch vom ausgiebigen Frühstück satt waren.

Endlich war es so weit. Nachdem Herbert und Erwin bezahlt hatten, gingen sie die wenigen Meter zum Bahnhof. Aber aufgrund des dichten Schneetreibens und des stürmischen Windes, der die Flocken heftig durcheinanderwirbelte, stellte dieser kurze Weg schon eine kleine Herausforderung dar. Der Zug war bereits eingefahren und Herbert und Erwin bestiegen den ersten Waggon und machten es sich dort bequem. Sie packten die Süßigkeiten und die Getränke, die sie im Kiosk gekauft hatten, aus und warteten auf die Zugführerin, die sie bereits vor dem Einsteigen begrüßt hatte. Die Rückfahrkarte war von Erwin bereits auf der Hinfahrt gelöst worden und Herbert brauchte nur sein Klimaticket vorzuzeigen. Ein Blick auf die Landschaft wurde ihnen durch das heftige Schneetreiben verwehrt. In wenigen Minuten erreichten sie Mitterbach. Am Bahnhof sahen sie schemenhaft, wie eine weitere Person zustieg. Bei schönerem Wetter hätten sie bemerkt, dass der Mann zwei schwere Koffer schleppte. Anscheinend dürfte er sich schon länger im Ort aufgehalten haben oder vielleicht war er auch von hier. In Mitterbach befindet sich die Talstation für die Seilbahn auf die Gemeindealpe. Dieser Berg ist der bekannteste innerhalb der Skiberge an der Mariazellerbahn. Die Gemeindealpe bietet im Winter viele Möglichkeiten für Skifahrer und Snowboarder, ihren Sport auszuüben. Aber auch im Sommer gibt es auf diesem 1.626 Meter hohen Berg genug Möglichkeiten für Erholung und Spaß. Neben dem umfangreichen Panoramablick in alle Richtungen auf die umliegende Bergwelt laden zahlreiche Wanderwege ein, um die herrliche Natur vom zeitigen Frühjahr bis in den späten Herbst hinein zu erkunden. Eine Attraktion der besonderen Art bietet das Mountaincart. Auf einer rund fünf Kilometer langen Schotterstrecke geht es mit diesem Gefährt rasch talabwärts. Herbert war noch nie damit gefahren, denn es schien ihm zu gefährlich. Und für die kleineren Gäste gibt es noch den gut besuchten Kletterspielplatz.

Aber von alledem hätte man heute nichts gesehen, selbst wenn man nahe genug an den Pisten gewesen wäre. Denn unaufhaltsam fielen die Schneemassen vom Himmel und zeitweise tauchten die Blitze die Landschaft in ein grelles Licht. Die nachfolgenden Donner trugen in keiner Weise zur Aufheiterung der Stimmung bei. Der frisch zugestiegene Passagier dürfte im anderen Waggon Platz genommen haben, denn Erwin und Herbert bekamen ihn nicht zu Gesicht. Noch nicht. Vielleicht würde sich das während der rund zweistündigen Fahrt in die Landeshauptstadt ändern. Nachdem die Zugbegleiterin die Fahrkarten kontrolliert hatte, unterhielt sie sich noch eine kurze Zeit mit den beiden. Da sie wieder in Richtung Lokführer umkehren wollte, wies Erwin sie auf den frisch zugestiegenen Fahrgast hin. Daraufhin drehte sich die junge Frau um und ging zum nächsten Waggon. Bald kam sie wieder zurück und meinte, dass die Zentrale in St. Pölten zwischenzeitlich mitgeteilt hatte, dass der Zug mit großer Verspätung in St. Pölten eintreffen werde. Um die Zeit zu nutzen, nahm Erwin ein Buch aus seiner Tasche und Herbert sein Smartphone aus dem Rucksack. Dieser war sein Markenzeichen und es gab ihn in einem großen und einem kleinen Format. Heute war die große Version gefragt. Der Weise trägt all das Seine mit sich, zitierte er öfter ein lateinisches Sprichwort der Antike. Er hielt zwar nicht sehr viel von Philosophien, denn bei ihren Vertretern verhielte es sich meist so wie bei manchen Ärzten, war er der Meinung. Befragt man drei von ihnen zu einem bestimmten Thema, so erhält man vier verschiedene Meinungen. Und das ist natürlich nicht immer hilfreich. Und trotzdem war er froh über den Berufsstand der Ärzte und die Medizin, denn mit neunundsechzig Jahren bemerkte er, dass der Körper mit dem Geist manchmal nicht mehr Schritt hielt. Den Bob-Dylan-Song ‚Forever Young' bezog er schon seit Jahren nicht mehr auf seine körperliche Verfassung. Die ihm verschriebene Medizin half ihm körperlich aber gut über die Runden. Unter Medizin verstand er allerdings nur die sogenannte Schulmedizin – leider ein Begriff aus der braunen Mottenkiste – und keine ‚Fakemittel' von Esoterikern und Schwurblern, auch wenn sie von Menschen im weißen Kittel verschrieben wurden. Zuckerkügelchen und irgendwelche Heilmethoden aus fernen Ländern, die nur irgendwie esoterisch klangen, lehnte er zutiefst ab. Auch von pflanzlichen Wirkstoffen hielt er nicht viel, selbst wenn ihm bewusst war, dass viele Wirkstoffe, die in Tabletten, Spritzen und Salben vorkommen, denen in der Natur vorkommenden nachempfunden waren. Denn die Pharmaindustrie war stets auf der Suche nach in Pflanzen oder Tieren vorkommenden Wirkstoffen, die dann in großer Menge zum Wohl der Menschen produziert und eingesetzt werden konnten. Aber Tabletten waren nun mal genauer zu dosieren und wurden oft besser in klinischen Studien erprobt als die naturbelassenen Mittel.

Es war ihm natürlich klar, dass seine wirksamen Medikamente auch Nebenwirkungen hatten, aber im Vergleich zum Nutzen und der Lebensqualität, die sie garantierten, hielt er diese für vernachlässigbar. Und es war für ihn auch richtig, dass nur solch industriell hergestellten Medikamente von der gesetzlichen Sozialversicherung bezahlt wurden und nicht irgendwelche von Quacksalbern verschriebenen Kügelchen und Tinkturen oder von diesen hochgelobte Methoden.

Plötzlich blieb der Zug in Gösing stehen. Warum, sollten sie bald erfahren. Aufgrund der immensen Schneeverwehungen war heute an ein Weiterkommen nicht mehr zu denken. Da bald die Dunkelheit hereinbrechen würde, war es unmöglich, das Schienennetz vom Schnee freizubekommen. Es war schlichtweg zu gefährlich, noch am gleichen Tag die Gleise von den Verwehungen frei zu bekommen. Als die Zugbegleiterin mit ihren Ausführungen am Ende war, betrat der in Mitterbach zugestiegene Fahrgast das Abteil, in dem Herbert und Erwin saßen. Seine beiden schweren Koffer schleppte er keuchend mit. Die junge Zugbegleiterin musste ihre Meldung wiederholen. Der Mann mit den Koffern reagierte darauf sehr ungehalten. Er müsse heute noch nach St. Pölten, um zeitig am Morgen einen wichtigen Geschäftstermin wahrnehmen zu können, sagte er erbost und nahm im Abteil Platz. Die beiden Bekannten blickten sich fragend an und es war ihrem Gesichtsausdruck anzusehen, dass sie über seine Gegenwart nicht erfreut waren. Und sie sollten mit ihrer Ahnung recht behalten. Als sie ihr Gespräch fortsetzten und weiter über Biotrends, über die so oft auch fälschlicherweise zitierte Nachhaltigkeit und regionales Wirtschaften sprachen, unterbrach der neue Fahrgast öfter mit falschen und einseitigen Meldungen das angeregte Gespräch, das sie schon im Jagasaftl begonnen hatten. Bald war beiden klar, dass der Mann von den Dingen, um die es ging, keine Ahnung hatte, wie so viele, die papageienartig nur nachplapperten, was grüne NGOs ideologiebedingt von sich gaben. Sie baten den Neuen klar und deutlich, auf seine Einwürfe zu verzichten. Es stellte sich dabei heraus, dass er Vertreter für biologische Dünge- und Pflanzenschutzmittel war. Da er sich aber nicht an die Bitte zu schweigen hielt, unterbrachen sie die Diskussion und vertagten sie auf einen späteren Zeitpunkt. Als die Zugbegleiterin die Fahrgäste darauf hinwies, dass es im Ort zwar ein Hotel gäbe, dieses aber schon seit Juli 2022 wegen Arbeitskräftemangels geschlossen war, reagierte der neu Angekommene noch ungehaltener als zuvor. Mit heftigen Worten beschwerte er sich über die Umstände und als seine Worte zu eskalieren drohten, brachte ihn Herbert zum Schweigen und bat ihn erneut, in den anderen Waggon zurückzukehren. Aber da er anscheinend ohne Publikum nicht sein konnte, blieb er sitzen und begann in seinem Smartphone nach Informationen zu suchen. Aber auch dieses hielt keine andere Nachricht für ihn bereit.

Mehrmals versuchte er, Erwin und Herbert zu überreden, mit ihm den Zug zu verlassen und nachzuschauen, ob sie das Hotel betreten könnten. Natürlich wäre das Hausfriedensbruch gewesen. Mehrmals sah die Zugbegleiterin nach den gestrandeten Fahrgästen, hatte aber nichts Positives zu berichten. Im Zug gab es keine Verpflegung, also mussten sie auf Essen und Trinken verzichten, denn bald waren ihre kargen Vorräte aufgebraucht. Wieder begann Herr Peter Schwaiger, denn so hatte sich der Mann mit den unqualifizierten Äußerungen vorgestellt, lautstark über die Situation zu schimpfen. Die beiden Bekannten vertieften sich wieder in ihre Lektüre, ohne Herrn Schwaiger Gehör zu schenken. Herbert begann sich auf dem im Zug befindlichen Bildschirm über die technischen Daten des Zuges zu informieren. Die Streckenlänge von Mariazell nach dem St. Pöltner Hauptbahnhof beträgt 91,1 Kilometer. Diese Schmalspurbahn mit einer Spurbreite von 760 Millimetern erreicht eine Höchstgeschwindigkeit von 80 km/h. Als Herbert sich die weiteren Details über die Bahn anschauen wollte, wurde der Bildschirm plötzlich finster und das Licht im Waggon erlosch. Und es dauerte nicht lange, bis die junge Frau, die in der rechten Hand eine stark leuchtende Taschenlampe hielt, die Anwesenden dahingehend informierte, dass der Strom ausgefallen war. Wie lange dieser Ausfall dauern würde, konnte sie aber nicht sagen. Es gab kein Notstromaggregat im Zug und so mussten sie ohne Heizung und Beleuchtung auskommen. Bis auf die batteriebetriebene Notbeleuchtung begann es immer dunkler zu werden, da auch das spärlich von außen hereinscheinende Licht schlussendlich erlosch.

Dass sich die Ausgangslage in so kurzer Zeit dermaßen verschlechtern konnte, damit hatte man nicht rechnen können. Wie nicht anders zu erwarten, begann Herr Schwaiger neuerlich über das Wetter und den Bahnbetreiber, der aber wirklich nichts für das Schneetreiben konnte, zu schimpfen. Wie ein Mantra klang seine Aufforderung, doch endlich den Zug zu verlassen und zu versuchen, einen Zugang zu diesem Hotel zu finden. Wie eine tibetanische Gebetsmühle leierte er den Satz herunter: Vielleicht ist irgendwo ein Schlüssel versteckt. Herbert und Erwin fanden es keine gute Idee, dieser Vorstellung nachzugeben. Als schließlich auch der Lokführer ins Abteil kam, versuchte auch dieser, Herrn Schwaiger von dieser Idee abzubringen. Er informierte die Fahrgäste nochmals über die derzeitige Situation und schloss mit den Worten, dass dies eine unangenehme Nacht werden würde. Ohne Essen, ohne Trinken und Heizung war es sicher kein Honiglecken, diese Nacht im Zug zu verbringen. Und wann es morgen in Richtung St. Pölten weitergehen würde, stand natürlich auch noch in den Sternen. Ohne sein lautes Jammern zu unterbrechen, zog sich der raunzende Fahrgast seine Jacke an und schickte sich an, den Waggon zu verlassen. Als die beiden Mitreisenden das sahen, brachten sie es nicht übers Herz, ihn alleine zu lassen und begleiteten den Unzufriedenen ins Freie. Vorher hatten sie noch die Zugbegleiterin um deren Taschenlampe gebeten, denn die Nacht war stockdunkel. Nur der dichte Schnee brachte einen hellen Schimmer in die finstere Nacht. Der Haupteingang des Hotels war natürlich verschlossen. Gemeinsam umrundeten sie das Gebäude, ohne einen unversperrten Eingang zu finden. Als sie schließlich zu einer kleinen Tür kamen, die nur mit einem Vorhängeschloss versperrt war, suchte Herr Schwaiger nach einem Werkzeug, um diese aufzubrechen. Mit einem Krampen, den er in einem Geräteschuppen fand, konnte er schlussendlich die Tür gewaltsam öffnen. Natürlich hinterließ er einen größeren Schaden am Eingang.

Aber von der Tür führte nur eine Treppe abwärts, die im Keller endete. Dort fanden sie genügend Essensvorräte und Kerzen. War nur zu hoffen, dass die Kellertür nicht versperrt war und sie so das Hotel betreten konnten. Sie hatten Glück, aber auch im Hotel war es stockdunkel und als sie nach längerem Suchen den Schaltkasten mit den Sicherungen gefunden hatten, mussten sie feststellen, dass man die Energiezufuhr abgeschaltet hatte. Dies brachte mit sich, dass man auf elektrisches Licht und auf das Kochen verzichten musste. Nur eine größere Anzahl von Kerzen, die man anscheinend für Candlelight-Dinner eingelagert hatte, standen den drei Gefährten zur Verfügung. Die Stimmung war im wahrsten Sinne des Wortes im Keller und Peter Schwaiger jammerte fast unaufhörlich. Erst als sie zu den Gästezimmern vordrangen und die Betten mit Polstern und Bettdecken sahen, beruhigte sich Peter. Natürlich waren die Betten nicht bezogen, aber das war das geringste Problem für die drei widerrechtlich eingedrungenen Gäste. Herbert machte sich mit der Taschenlampe auf den Weg zurück zum Zug, um dem Personal zu berichten. Der Lokführer und die Zugbegleiterin blieben aber, wie zu erwarten gewesen war, im Zug. Herbert ging wieder zum Hotel zurück, wo Peter und Erwin einen kleinen Holzofen und etwas Brennmaterial entdeckt hatten. Einer kleinen warmen Mahlzeit stand nun nichts mehr im Wege. Schnell wurden einige Dosen aus dem Vorratskeller geholt und Erwin zauberte daraus einen würzigen Eintopf. Topf, Teller und Besteck hatte man schnell in der Küche gefunden. Obwohl es keine Beilage dazu gab, war man froh über das warme Essen und dankte Erwin überschwänglich dafür. Zum Dessert gab es ein Pfirsichkompott aus der Dose. Da man auch das Wasser abgestellt hatte, musste man auf den anschließenden Abwasch verzichten. Das Geschirr mit Schnee zu reinigen, war den dreien dann doch zu mühsam und für heißes Brauchwasser wollten sie die kleinen Holzvorräte auch nicht vergeuden.

Bei Kerzenlicht saßen Erwin, Herbert und Peter noch einige Zeit zusammen. Danach gingen sie in ihre Zimmer und legten sich nieder. Die Weckerfunktion der Handys hatte man auf sechs Uhr dreißig gestellt. Als Herbert sich ins Zimmer aufmachen wollte, fand er ein Exemplar der deutschen Zeitung die WELT vom 06.02.2023. Wie diese in das Hotel gekommen war, erschien Meinhardt unerklärlich, da das Gebäude schon seit dem Vorjahr geschlossen sein sollte. Wahrscheinlich wurde das Hotel von Zeit zu Zeit kontrolliert, um nach dem Rechten zu sehen. Man wollte es auf keinen Fall verkommen lassen und hatte sicher geplant, es zu einem späteren Zeitpunkt wieder zu öffnen. Herbert blätterte die Zeitung schnell durch, bis er zu einem Artikel mit der Überschrift ‚Beten muss erlaubt sein' kam und mit Interesse darin zu lesen begann. Der Bericht handelte über eine Begebenheit, die sich in Großbritannien und nicht im muslimischen Pakistan oder im kommunistischen Nordkorea zugetragen hatte. Isabel V. hatte in der Nähe einer Abtreibungsklinik still gebetet und dabei sonst in keiner Weise auf ihr Anliegen aufmerksam gemacht. Kein Plakat mit Parolen oder irgendwelche Schriften zum Verteilen hatte sie in ihren Händen gehalten. Nur still gebetet hatte sie. Da sie sich in einer ‚Bannmeile zum Schutz öffentlicher Räume' für abtreibungswillige Frauen befand, wurde sie zu einer Geldstrafe in Höhe von hundert Pfund verdonnert. Ähnlich erging es auch Adam S. zu einem späteren Zeitpunkt. Zwar wurde die Anklage gegen Isabel fallen gelassen, aber Herbert machte sich so seine Gedanken darüber. Als Christ, der zwar keiner Kirche angehörte, aber seine geistliche Heimat in einem christlichen Hauskreis fand, war auch er fest davon überzeugt, dass Abtreibungen gegen das fünfte Gebot ‚du sollst nicht töten', das Gott den Menschen durch Mose gegeben hatte, verstieß. Aber er konnte in keiner Weise verstehen, dass ein stilles Gebet, das vielleicht von den umherstehenden Menschen gar nicht wahrgenommen wurde, zu einer Geldstrafe führte. Hätte man vielleicht lautstark oder mit Plakaten auf das Anliegen aufmerksam gemacht, hätte er ein Einschreiten der Behörden noch verstanden. Aber so? Beim Lesen musste er sofort an muslimische Länder oder an Diktaturen wie China oder Russland denken.

Was war aus dem sogenannten christlichen Abendland geworden? Auch wenn die meisten Menschen in Europa Gott und seinen Geboten bereits den Rücken gekehrt hatten und das Christentum sich hauptsächlich in ein paar religiösen Festen mit christlichem Zuckerguss erschöpfte, so kann man, wenn man die Geschichte Europas genauer kennt, überall noch die Spuren des Christentums aus den vergangenen Jahrhunderten, in denen dieser Glaube tonangebend war, erkennen. Auch wenn ein Teil der organisierten Kirchen die Bibel, das Wort Gottes, immer stiefmütterlich behandelt hatte, so war in den protestantischen Ländern der Geist der Bibel tief in die Gesellschaften eingedrungen. Herbert dachte an ein Gemälde im Gerichtsgebäude von Lausanne in der Schweiz, auf dem Justitia, ohne eine Binde vor den Augen zu haben, mit dem Schwert auf die Heilige Schrift, insbesondere auf die zehn Gebote Gottes, hinweist. Der Künstler wollte damit zum Ausdruck bringen, dass man zu seiner Zeit die Offenbarung Gottes ernst nahm und danach auch Recht sprach. Aber was war aus den Protestanten geworden, vielfach lediglich nichtkatholische Evangelische, die den Geist der Reformation durch die Ökumene infrage stellten. Dafür geriet unsere Gesellschaft immer mehr aus den Fugen. Der fast tägliche Mord oder Totschlag und zerstörte Beziehungen sind zum ständigen Begleiter unserer Gesellschaft geworden. Fragt man nach den Ursachen dieser Entwicklung, können Psychologen und Soziologen keine befriedigenden Antworten geben. Sozialarbeiter können die zunehmende Jugendkriminalität nicht stoppen und Erklärungsversuche dafür sind das Papier nicht wert, auf denen diese geschrieben werden. Liegt es vielleicht daran, dass wir Gott aus unserem täglichen Leben ausgeschlossen und den

Menschen die Verantwortung für ihr Tun genommen haben? Schuld ist immer die Gesellschaft, sind die Umstände oder immer die anderen, wenn jemand kriminelles Handeln an den Tag legt, sagt der Zeitgeist unserer Tage. Weniger privat und dafür mehr Staat, war ein Slogan einer größeren Partei, die um ihr Überleben kämpfte und sich einer Mitgliederbefragung stellte. Dies hatte einige Jahrzehnte vorher genau umgekehrt geheißen, aber von der Konkurrenz. Aber die jetzige Philosophie würde die Menschen in eine immer größere persönliche Anhängigkeit vom Staat bringen. Dubiose Forderungen einer radikalen Arbeitszeitverkürzung brachte eine gesetzliche Arbeitnehmervertretung vor Kurzem ins Spiel. Eine Erbschaft für alle jungen Leute beim Erreichen einer Altersgrenze forderte die Partei, die in dieser Vertretung die Mehrheit stellt. Damit bringt man den Einzelnen in eine immer größere Abhängigkeit vom Staat und unterbindet damit jede schöpferische Eigeninitiative. Wer hat Interesse an einer Gesellschaft, die für alle Lebensbereiche von der Wiege bis zur Bahre sorgt? Brot und Spiele sozusagen, könnte man meinen. Aber wer will eine solche Abhängigkeit? Vielleicht sogar solche Menschen oder Gruppen, die mit dieser linken Lebensphilosophie gar nichts zu tun haben. Sozialismus sieht auf dem Papier immer gut aus, außer es ist ein Geschichtsbuch, ist eine wahre und treffende Erkenntnis. Aber unsere Welt ist so komplex geworden, dass es schwer ist, die wahren Zusammenhänge zu erkennen. Und die im Dunkeln sieht man nicht, auch diese Erkenntnis hat sich oft genug bewahrheitet.

Quo vadis, Europa, wohin gehst du?

Mit diesem Gedanken schlief Herbert ein, ohne eine Antwort gefunden zu haben. Rechtzeitig hatte er ein schlafförderndes Medikament eingenommen, um unter diesen Umständen wenigstens ein paar Stunden Ruhe zu finden.

Schon vor dem Weckerklingeln der Smartphones standen alle drei in der Kälte gestrandeten Passagiere auf. Erwin Nemec war vor den beiden anderen in die Küche gegangen, um Tee zu kochen. Brot oder Gebäck gab es natürlich keines. Das Getränk belebte die Lebensgeister der drei Männer, die sich danach zum Zug aufmachten. Dort empfing sie der Lokführer mit der Nachricht, dass erst gegen zehn Uhr mit der Abfahrt in die Landeshauptstadt zu rechnen sei. Schneefräsen hatten sich von Laubenbachmühle bis zur Lokomotive vorgearbeitet und einige Minuten nach zehn Uhr funktionierte auch die Stromversorgung wieder. Die Fahrt vom ungewollten Aufenthalt bis zum ersten Stopp verlief problemlos und ohne dass weitere Passagiere zugestiegen waren. Zwischenzeitlich war es auch in der Himmelstreppe wieder warm geworden. In Laubenbachmühle gab es einen etwas längeren Aufenthalt, bei dem man die Fahrgäste und das Zugpersonal mit einem verspäteten Frühstück versorgte. Besonders der köstliche Kaffee fand großen Anklang. Das ließ den gestrigen Abend und die vorige Nacht zumindest teilweise vergessen.

Eigentlich hätte Peter Schwaiger sich mit dem Hotelbesitzer in Verbindung setzen müssen, um sich für den Schaden zu entschuldigen. Was er aber ablehnte, obwohl ihn die Zugbegleiterin mehrmals darum bat. Nachdem diese über das Gemeindeamt die Telefonnummer des Besitzers in Erfahrung gebracht hatte, übernahm Herbert die Aufgabe, sich mit dem Eigentümer in Verbindung zu setzen. Er entschuldigte sich bei ihm für das Verhalten der Gruppe, wies aber mehrmals darauf hin, dass sie sich in einer Notsituation befunden hatten. Als Meinhardt ihm zusicherte, für den Schaden aufzukommen, sagte der Hotelbesitzer zu, auf eine Anzeige bei der zuständigen Behörde zu verzichten. Nachdem Herbert sich mehrmals bedankt hatte, war das Gespräch beendet. Zu Peter Schwaiger sagte er, dass er sich natürlich an den Kosten für die Reparatur und der Reinigung anteilsmäßig beteiligen müsse. Dieser nahm dies murrend zur Kenntnis und Herbert bat ihn um seine Adresse und Telefonnummer. Danach rief Meinhardt nochmals beim Eigentümer des Hotels an, um die Vorgehensweise zu koordinieren. Der Besitzer des Hotels wollte sich selbst um die Angelegenheit kümmern und danach eine Rechnung stellen. Nachdem alles zur Zufriedenheit geklärt war, schwiegen die Passagiere.

Das änderte sich im Kulturbahnhof Klangen, nicht weit von der Landeshauptstadt entfernt. Herbert wies seine Mitreisenden auf die farbenprächtigen und kunstvoll hergestellten Figuren und Skulpturen rund um den Bahnhof hin. Erwin und Peter konnten diese Kunstgegenstände nur kurz betrachten, da sich die Himmelstreppe nur kurz im Bahnhof aufhielt. In Ober-Grafendorf blieb der Zug länger stehen. Dort stiegen eine Bekannte von Herbert, die er aus einem anderen christlichen Hauskreis kannte, und einige weitere Fahrgäste zu. Birgit Mühlberger, ehemalige Lehrerin für Englisch und Mathematik in einer neuen Mittelschule, fragte, ob sie sich zu Herbert und den anderen ins Abteil setzen dürfe. Natürlich hatte niemand etwas dagegen und nachdem sie sich zunächst kurz vorgestellt hatte, zeigte Herbert der zugestiegenen Birgit den Artikel in der WELT, die er vorsorglich mitgenommen hatte. ‚Yesterdays papers are yesterdays news' war seine Devise und daher war er der Meinung gewesen, dass die Zeitung keinem abgehen werde und hatte sie in seinen Rucksack gesteckt. Als sie den Bericht zu Ende gelesen hatte, begannen die beiden ein interessantes Gespräch, dem Erwin und Peter angestrengt lauschten.

Natürlich zeigte sich in diesem Gedankenaustausch die christliche Position von Herbert und Birgit. Dieser widersprach Peter Schwaiger aufs Heftigste, denn er fuhr bald schwere, verbale Geschütze auf, die aber die üblichen waren, die bei einer Diskussion zu diesem Thema immer gern vorgebracht werden. Vom Recht der Frau auf ihren Bauch sprach er, auch davon, dass es besser wäre, abzutreiben, wenn es die wirtschaftliche Situation erforderte. Schließlich müsse man die Lage der Frauen bedenken und danach eine Entscheidung treffen. Dem widersprach Birgit mit folgenden Worten: Für mich als Christin ist die Grundlage meiner ethischen Entscheidungen allein das Wort Gottes, die

Bibel mit dem Alten und dem Neuen Testament. Diese spricht davon, dass der Mensch im Ebenbild Gottes geschaffen wurde (1. Buch Mose, 1:27) und dass ihrer Meinung nach das Gebot *du sollst deinen Nächsten lieben wie dich selbst* auch das ungeborene Kind im Schoß der Mutter ab der Empfängnis miteinschließt. Im neunten Kapitel des gleichen Buches im Vers 6 heißt es, dass die bewusste Beendigung eines unschuldigen Lebens ein Verbrechen gegen Leib und Leben ist. Denn nur Gott kann Leben schenken und nehmen (Hiob 1:21). Und noch einmal wies sie auf die Bibel hin (2. Mose 21:21–25), aus der hervorgeht, dass Abtreibung Mord und daher grundsätzlich falsch ist. Als Birgit noch weitersprechen wollte, wurde sie von Peter Schwaiger barsch unterbrochen. Da mischte sich sofort Herbert in das Gespräch ein und zitierte den Schweizer Reformator Johannes Calvin (1509 bis 1564), der in seinem Kommentar zu den letzten vier Büchern Mose Folgendes schrieb: *Der Fötus, obwohl im Bauch der Mutter eingeschlossen, ist bereits ein Mensch. Es erscheint viel schlimmer, einen Menschen in seinem Haus als auf dem Schlachtfeld zu töten, deshalb muss es als noch viel scheußlicher erachtet werden, einen Fötus im Leib der Mutter zu töten, bevor er das Licht der Welt erblicken konnte.*

Peter wollte einen neuerlichen Einwand vorbringen, als die Durchsage kam, dass der Zug in wenigen Minuten in St. Pölten ankommen werde. Nachdem man Telefonnummern und E-Mail-Adressen ausgetauscht und einen Termin festgesetzt hatte, um das Gespräch fortzuführen, stiegen die vier Fahrgäste aus. Obwohl Erwin Nemec sich kaum am Gespräch beteiligt hatte, sagte auch er sein Kommen zu. Das Gespräch sollte in Birgits Haus, das einige Kilometer außerhalb der Landeshauptstadt lag, stattfinden. Rasch entfernten sich Erwin und Peter. Herbert wollte noch eine Angelegenheit mit Birgit besprechen. Du, sagte er zu ihr, in dem Artikel über Isabel ist eine Organisation vermerkt, für die sie ehrenamtlich tätig ist. Vielleicht sollten wir dorthin einen Brief schicken, um mit ihr Kontakt aufzunehmen und sie eventuell zu uns einladen? Was denkst du darüber? Birgit überlegte kurz, als sie mit dem Lift in das Erdgeschoss des Bahnhofs fuhren und meinte dann, dass dies eine gute Idee sei. Fragte sich nur, wer das in Angriff nehmen sollte. Birgit erklärte sich sofort bereit, sie war als ehemalige Englischlehrerin dafür bestens geeignet. Aber auch Herbert konnte sehr gut Englisch. In seiner Jugend musste er sich auf seiner Reise nach Indien mehrere Monate in englischer Sprache verständigen. Da er aber hauptsächlich mit Amerikanern ins Gespräch kam und auch nach seiner Rückkehr oftmals mit Menschen aus Nordamerika zusammentraf, hatte sein Englisch einen deutlich amerikanischen Einschlag. Dies hatte sich auch durch das Hören von Musik aus den USA deutlich verstärkt. Vor allem die Songs von Bob Dylan und Bruce Springsteen liebte er. Bei Dylan waren es die Texte, die ihn seit seiner Jugend faszinierten. Sie vereinbarten, sollte sich Isabel aus Großbritannien melden, Birgit die Telefonate abdecken und Herbert Schriftliches erledigen würde. Denn dieser hatte schon mehrmals von Menschen aus Großbritannien hören müssen, dass er die englische Sprache zwar gut beherrsche, seine Aussprache aber *terrible*, also fürchterlich, sei. Danach gingen auch diese beiden auseinander.

Von den Römern zur Landeshauptstadt

Die Wurzeln der Landeshauptstadt lassen sich bis zum Ende des ersten vorchristlichen Jahrhunderts zurückverfolgen. Damals eroberten die Römer das Keltenreich und errichteten in der Provinz Noricum in der Nähe der Militärlager Städte, wobei fast jede nach dem gleichen Plan gebaut wurde. Eine davon war Aelium Cetium, aus der sich später die Stadt St. Pölten entwickelte. Das Stadtrecht bekam diese im Jahr 121 n. Chr. Handel und Handwerk brachten ein blühendes städtisches Leben hervor, bis sich die Römer im 5. Jahrhundert nach Christus wieder nach Italien zurückzogen. Danach kam die Zeit der Völkerwanderung, in der die Langobarden und Awaren hier siedelten. Karl der Große unterwarf die Awaren um 800 n. Chr. In dieser Zeit fasste das Christentum in diesem Raum Fuß. Das bayerische Benediktinerkloster Tegernsee errichtete hier unter der Leitung von Adalbert und Ottokar ein Tochterkloster, wohin man die Reliquien des Hl. Hippolyt brachte, aus dem sich der Stadtname St. Pölten entwickelte. Nur war das Christentum zu dieser Zeit schon stark vom Heidentum mit seinen Lehren unterwandert. Das hatte zur Folge, dass man die Gebeine des sogenannten Heiligen verehrte und ihn um Hilfe anflehte. Dies, obwohl die Bibel klar erklärt, dass es nur einen Mittler zwischen Gott und den Menschen, nämlich den menschgewordenen Sohn Gottes, Jesus Christus, gibt. Nach den Ungarnkriegen wurde das Kloster als Augustiner Chorherrenstift neu besiedelt. Mitte des elften Jahrhunderts nach Christus erhielt St. Pölten von Passau das Markt- und im zwölften Jahrhundert das Stadtrecht. Ein St. Pöltner Bürger durfte z. B. nur nach Aussagen von Mitbürgern und nicht durch Anschuldigungen von Fremden überführt werden.

Ab 1522 begann sich in St. Pölten der reformatorische Geist zu regen. Schriften mit reformatorischen Inhalten kamen über die Händler und durch die umliegenden Adelshäuser, die zum Großteil Anhänger der Reformation waren, unter das Volk. Die Schlosskirchen stellten protestantische Prädikanten an, zu deren Predigten auch in St. Pölten ansässige Bürger kamen. So wurde unter anderem die Viehofener Schlosskapelle zu einem geistlichen Anziehungspunkt vieler St. Pöltner. Im 16. Jahrhundert waren neunzig Prozent der Bevölkerung evangelisch. Mit Kaiser Rudolph II. setzte aber 1576 die brutale Gegenreformation ein. Anfang des 17. Jahrhunderts gab es außerhalb des Chorherrenstiftes zwar kaum Katholiken, aber innerhalb von zwanzig Jahren zerstörte man mit äußerster Gewalt das protestantische Leben in St. Pölten. So grausam kann Kirche und missverstandener Glaube sein. 1624 war die Gegenreformation zum Abschluss gekommen und wer sich nicht zum Katholizismus bekehrte, musste die Stadt und das Gebiet der Habsburger verlassen. 1625 wurden mehrere Häuser und Wohnungen durchsucht und dabei 220 ‚ketzerische Bücher' beschlagnahmt. Zu den zahlreichen falschen, unbiblischen Lehren fügte die römisch-katholische Kirche noch Grausamkeit um Grausamkeit hinzu. Erst im Jahr 1856 gab es wieder evangelische Gottesdienste im heutigen Pfarrgemeindegebiet.

Nach der erfolgreichen Türkenabwehr in den Osmanischen Kriegen – in den Heeren der Muslime kämpften nicht nur Türken, sondern auch Krieger aus Nordafrika und aus Asien – begann sich die Wirtschaft zu erholen und es kam zu einem beachtlichen Bauboom. Das Stadtbild von St. Pölten ist eng mit dem Barock und dem Baumeister Jakob Prandtauer verknüpft. Auch Josef Munggenast, ein Neffe von Prandtauer, wirkte in der Stadt und führte die Barockisierung des St. Pöltner Domes zu Ende. Die Reformen der Kaiserin Maria Theresia und Joseph des II. hinterließen in der Stadt deutliche Spuren. Letzterem ist eine Statue im Sparkassenpark gewidmet. Zwischen 1805 und 1809 wurde St. Pölten von den Franzosen besetzt. Aufgrund der Überwachung durch die staatliche Geheimpolizei zwischen Wiener Kongress und der Revolution von 1848, die jegliches politisches

Engagement verhinderte, zogen sich die Bürger ins Privatleben zurück. Obwohl man die erstarrende Wirtschaft anzukurbeln versuchte, war deren Talfahrt bis 1932 nicht zu stoppen.

Nach der Zeit des Nationalsozialismus, der die Welt und vor allem Europa in unendliches Leid gestürzt hatte, erkannte man St. Pölten nicht wieder. Zehn verheerende Bombardements zerstörten die Stadt vor dem Ende des Krieges und die nachfolgenden zehn Jahre unter russischer Besatzung waren den Bürgern sicher auch nicht zuträglich. Auch die in der Zeit der Naziherrschaft stattgefundene Verfolgung der Juden und Andersdenkender hatte Löcher in das gesellschaftliche Gefüge der Einwohner gerissen. Danach kam die Zeit des Wirtschaftsaufschwunges und im Jahr 1972 erreichte die Stadt die 50.000er Einwohnergrenze. Am 10. 07.1987 fand die Erhebung zur Landeshauptstadt statt. Ein bis heute anhaltender Wirtschaftsschub brachte den Bau von Wohn- und Gewerbegebieten in Schwung und förderte die Eröffnung von Hochschulen und das künstlerische Leben. Auch wenn der Bau des Landhausviertels und so manch anderer Bauten keine besonderen künstlerischen Leistungen waren, so ist St. Pölten heute eine Stadt, in der man im Großen und Ganzen gerne lebt.

Drei Wochen später

Wie vereinbart trafen sich Erwin, Peter und Herbert im Haus der Mühlbergers. Erwin kam als Erster zum Treffpunkt. Bevor er klingelte, betrachtete er den eigenwillig gestalteten Vorgarten des Reihenhauses. Anstelle der üblichen Thujen, Eiben oder verschiedenen Zwergsträucher, war der gesamte vordere Bereich, der von einem gepflasterten Weg, der zur Eingangstür führte, unterbrochen wurde, mit weißem Kies bedeckt. Dazwischen wuchsen kleinere und größere Gräser, die die weiße Fläche auflockerten. Kein Unkraut war zwischen den Steinchen zu sehen. Erwin war der Meinung, dass die Fläche chemisch unkrautfrei gehalten wurde. Sein Gärtnerauge war sich da sicher. Birgit und Bernhard Mühlberger begrüßten den Ankömmling aufs Herzlichste und führten ihn ins Wohnzimmer, wo bereits Getränke und Gläser bereitstanden. Danach zog sich Bernhard in sein Arbeitszimmer zurück, um an einem Projekt weiterzuarbeiten. Einige Minuten später kamen Herbert und Peter. Als alle auf dem Sofa und den Hockern Platz genommen hatten, begrüßte Birgit die Anwesenden noch einmal und stellte sich kurz vor, indem sie einige Episoden aus ihrem Leben erzählte. Da sie Christin sei, wolle sie mit einem Gebet die Unterredung beginnen, erklärte sie ganz offen. Das Wohnzimmer verbreitete eine angenehme Atmosphäre, sodass sich alle wohlfühlten. Nach einer kurzen Zusammenfassung der Argumente für und gegen die Abtreibung, die sie bereits vor drei Wochen im Zug besprochen hatten, erklärte sie die Gesprächsrunde für eröffnet. Peter schien nur darauf gewartet zu haben, Argumente für die Abtreibung in die Waagschale werfen zu können. Wie üblich stellte er die beiden Sondersituationen, Vergewaltigung und Entscheidung zwischen dem Leben der Mutter und des Kindes, zur Diskussion; also Punkte, die bei jedem Dialog zu diesem Thema vorgebracht wurden. Da ergriff unvermutet Erwin das

Wort und stellte die Frage, wie oft denn eine solche Situation, in der man zwischen dem Leben der Mutter und dem des ungeborenen Kindes entscheiden musste, in der Praxis vorkomme. Aber dazu müsse man sicher einen Gynäkologen befragen, meinte er. Vielleicht kam sie bloß so oft vor wie die berühmte Nadel im Heuhaufen. Da die Frage niemand aus der Runde beantworten konnte, wollte man zu diesem Thema notwendige Erkundigungen von einem Facharzt einholen. Daher wurde diese Frage vertagt.

Zu dem Thema Abtreibung nach einer Vergewaltigung meldete sich sofort Peter wieder zu Wort. Natürlich muss eine Abtreibung in solch einer Situation erlaubt sein, brachte er forsch in die Diskussion ein. Birgit wandte ein, dass es nicht darum ginge, ob eine solche Regelung erlaubt sei, sondern darum, ob eine Abtreibung auch in einem solchen Fall richtig ist. Natürlich ist eine Vergewaltigung ein schlimmes Verbrechen, das leider oft viel zu gering bestraft wird. Nur Höchststrafen seien in solchen Fällen gerecht, auch im Sinne des Opfers, meinte sie. Aber oft brachte man dem ‚armen Täter' mehr Verständnis entgegen als der misshandelten Person. Dies ist leider keine seltene Haltung unserer Gesellschaft. Natürlich bringt eine Vergewaltigung großes Leid über eine Geschädigte, aber dass es gerechtfertigt sein soll, einer solchen Tat mit weiterem Unrecht zu begegnen, könne sie nicht gutheißen, meinte Birgit nachdrücklich. Natürlich müsse man einer solchen misshandelten Person während der Schwangerschaft und auch danach alle nur denkbare Hilfe zukommen lassen – was sicher von Fall zu Fall anders aussehen würde – ergänzte sie. Und es wäre sicher eine gute Idee, das Kind nachher – wenn gewünscht – zur Adoption freizugeben. Das sei ihre Meinung, bemerkte sie und meinte abschließend, sie würde jedes Opfer zu solch einem Schritt ermutigen. Natürlich brachte Peter wieder seine Gegenargumente vor. Da las Herbert aus dem Wort Gottes, dem Alten Testament, einen Abschnitt aus dem 139. Psalm vor: *Denn du bist es – so betete König David zu Gott –, der mein Innerstes gebildet und mich gewoben hat im Schoß meiner*

Mutter. Ich danke dir, dass ich überaus kunstvoll bereitet bin. Wunderbar sind deine Werke, meine Seele erkennt das wohl.

Herbert ließ einige Minuten verstreichen, damit diese Worte in den Herzen der Zuhörer Wurzeln schlagen konnten, dann richtete er eine Frage an Peter: Wie fühlst du dich so als Advocatus diaboli der Gruppe? Was soll denn das wieder bedeuten?, entgegnete dieser in voller Schärfe. Herbert fragte Birgit und Erwin, ob sie es in Ordnung fänden, wenn er eine längere Erklärung für den Ausdruck gäbe. Als sie dies bejahten, begann er: Der Begriff ‚Advocatus diaboli' kommt aus dem Lateinischen und bedeutet Anwalt des Teufels. Er bezeichnete ursprünglich eine Person der römisch-katholischen Kirche, die bei einer Seligoder Heiligsprechung – also Handlungen, die weder von Jesus noch den Aposteln eingesetzt wurden, also unbiblisch sind – Argumente gegen die ausgewählte Person zusammenzutragen und vorzubringen hatte. Diesen Begriff hat man in der Rhetorik übernommen und bezeichnet damit jene Person, die eine gegenteilige Meinung vertritt. Sie muss von ihren Positionen nicht immer selbst überzeugt sein, sondern diese nur vorbringen. Sei es, dass sie die Diskussion damit anregen möchte, um dabei die Gegenargumente besser herausarbeiten zu können, sei es, dass die Person aus einem Geist der Rechthaberei heraus derart handelt, um damit das Gespräch zu stören.

Peter, sagte Herbert weiter, ich will dich nicht persönlich angreifen, aber es scheint mir offensichtlich zu sein, dass du immer die gegenteilige Meinung von unserer vertrittst. Über die Gründe musst du dir selbst klar werden. Wir werden sicherlich wieder zusammenkommen und uns freuen, wenn du dabei bist, aber vielleicht könntest du dich in nächster Zukunft konstruktiver einbringen. Kaum hatte Herbert diese Worte ausgesprochen, klingelte Birgits Telefon. Sie nahm ihr Smartphone und ging damit in die Küche. Bis Birgit wieder zurückkam, bedienten sich die Gäste selber an den bereitgestellten Getränken. Birgit hatte rund fünfzehn Minuten gebraucht, bis sie wieder ins

Wohnzimmer kam. Danach berichtete sie, dass Isabel Vauxhall – nun kannten sie auch den Nachnamen der Engländerin – aus Großbritannien angerufen und verschiedene Fragen gestellt hatte. Eine der ersten Fragen, die Isabel auf dem Herzen gehabt hatte, war, ob Birgit und Herbert Zeugen Jehovas seien, da sie sich in ihrem ersten Brief mehrmals auf die Bibel bezogen hatten. Das habe ich natürlich mit Nachdruck verneint, sagte die Hausherrin. Isabel hätte auch noch gefragt, was wir unter biblischem Christentum verstehen würden, denn sie könne mit diesem Begriff nichts anfangen. Danach hatte sie noch einige weitere Fragen auf dem Herzen und sagte abschließend, dass sie sich sehr über unsere Einladung freue. Falls es für uns möglich ist, würde sie gerne im Herbst kommen. Dann da würde sie sich eine längere Auszeit nehmen.

Sie berichtete, dass sie die Schule wechseln wollte und erst nach Weihnachten die neue Stelle antreten könne. Isabel unterrichtete nämlich in einer Secondary School, die in Österreich der sogenannten Neuen Mittelschule entspricht. Früher nannte man diesen Schulzweig Hauptschule in Österreich. Aber im Sinne der gesellschaftlichen Gleichmacherei wurde der Begriff umgewandelt, ohne dabei das Niveau dieses Bildungsweges zu heben. Birgit bot Isabel an, dass sie bei ihrem Besuch in ihrem Haus wohnen könne. Sie hatte das bereits mit ihrem Mann besprochen. Hinsichtlich ihrer Fragen sollte sie sich bitte schriftlich mit Herbert Meinhardt in Verbindung setzen, da die Antworten sicher mehr Zeit benötigten und nicht am Telefon gelöst werden könnten. Mit Birgit war aber noch jemand anders in das Zimmer hereingekommen. Es war Puma, die Kartäuserkatze mit ihren breiten Wangen und der kurzen Schnauze, die der Hausfrau ins Zimmer gefolgt war. Sie hatte muskulöse Beine, große Pfoten und ein silbergraues Fell. Ihre Augen leuchteten meist in strahlenden Bernsteintönen. Sie ließ sich in einiger Entfernung abseits der Diskussionsrunde auf dem Boden nieder und betrachtete die Anwesenden genau. Für diese war es nun an der Zeit, das Gespräch zu beenden und sich auf den Heimweg zu begeben.

Der erste Brief

Ungefähr zwei Wochen später lag Isabels Brief in Herberts Brieffach. Obwohl er ungefähr zu wissen glaubte, was drinstand, öffnete er umgehend das Schreiben, nachdem er seinen Einkauf im Kühlschrank verstaut hatte. Isabel stellte sich in ihrem Schreiben nochmals kurz vor und bedankte sich für die Einladung. Danach erkundigte sie sich, was denn der Unterschied zwischen ihrer römisch-katholischen Religion und dem biblischen Glauben sei. Herbert dachte länger nach, bevor er ihr antwortete: Alle Religionen haben ein Programm, das man absolvieren muss, um das ewige Leben zu erlangen, begann er. Es liegt dann am Menschen, die Leiter zu Gott emporzusteigen. Für die Juden bedeutet das die genaue Beobachtung des mosaischen Gesetzes, für Muslime die Beachtung der fünf religiösen Pflichten und für die Buddhisten die Erfüllung des achtfachen Pfades. Auch die römisch-katholische Religion kennt ihre

Pflichten, nämlich mit Wasser getauft zu werden, Erstkommunion und Firmung, die Ohrenbeichte samt ihrer darauffolgenden Gebetslitanei und beim Tod in Missverständnis eines Abschnittes aus dem Jakobusbrief die Salbung mit Öl, um in das Reich Gottes zu kommen. Und für all dies braucht es natürlich auch einen Priester oder Pfarrer, ohne den keine wirksame Erfüllung der Pflichten möglich ist. Aber es gibt kein geweihtes Wasser oder Öl, das durch die bloße Anwendung Heil vermittelt, sondern es gibt Leitungs- und Mineralwasser, kaltes und warmes. Auch beim Öl kennt man Raps- oder Olivenöl, gutes oder ranziges. Denn durch keine Handlung in der Welt wird normales Wasser oder Öl zu einer geweihten Substanz. Dies gilt auch für die sogenannte Wandlung, fügte er noch hinzu.

Aber Jesus Christus, der eine wahre historische Person ist, hat diese Leiter, auf der man zu Gott hinaufsteigen muss, genau umgedreht. Er geht dabei einen völlig neuen Erlösungsweg. Jesus ist uns auf dieser Leiter von oben herab entgegengekommen. Aufgrund der trennenden Schuld, die jeden Menschen, der auf dieser Welt lebt, gelebt hat und leben wird, ist die Beziehung zwischen Gott und dem einzelnen Menschen gestört. Es gibt daher von Natur aus keine persönliche Beziehung zwischen den beiden. Aber Jesus Christus hat diese Schuld am Kreuz von Golgatha auf sich genommen. Diejenigen, die bereit sind, ihr altes Leben aufzugeben, ihren Sinn zu ändern (das ist die wahre Bedeutung von Buße) und Jesus Christus in ihr Herz aufnehmen, denen schenkt Gott ein neues Leben. Dies nennt die Heilige Schrift die Taufe mit dem Heiligen Geist oder geistliche Wiedergeburt (nicht zu verwechseln mit der falschen Vorstellung von einer leiblichen, stofflichen Wiedergeburt). Und Gott möchte die Menschen, die so zu einem neuen Geschöpf umgestaltet worden sind, in die Nachfolge Christi und zu einem Leben im Gehorsam ihm gegenüber führen.

Diese Botschaft von der Liebe Gottes nennt die Bibel Evangelium, gute Botschaft. Wir brauchen dabei nicht unbedingt an eine

Kanzel denken, sondern vielmehr an Boten, die die gute Nachricht verbreiten. Die Apostel, die Jesus aussandte, hatten weder besondere Kleider an, noch waren alle unverheiratet, wahrscheinlich eher die wenigsten. Es ging bei ihnen schlichtweg um eine Nachricht, die verbreitet werden sollte, ähnlich unseren Abendnachrichten. Da es zur Zeit Jesu weder Radio noch Fernsehen gab, brauchte es die Vermittlung durch Boten und Herolde. Sie sollten den einzigen Mittler zwischen Gott und den Menschen, nämlich Jesus Christus, verkünden. Diese Apostel und auch andere, die man in unbiblischer Weise zu Heiligen gemacht hatte, können in keiner Weise etwas in unserer Beziehung zu Gott bewirken oder uns bei unseren alltäglichen Problemen helfen. Das Evangelium ist die gute Botschaft eines Sieges, den Jesus Christus in Raum, Zeit und Geschichte am Kreuz für uns errungen hat und der darüber entscheidet, wo jeder Einzelne seine Ewigkeit verbringen wird. Denn jede einzelne Person muss über das Gehörte selbst entscheiden.

Das biblische Christentum, von dem sich die Kirchen im Laufe der Jahrhunderte immer mehr entfernt haben, besteht nicht aus einigen guten Ideen und Ansichten und es ist auch keine ausgeklügelte Philosophie eines moralisch hochstehenden Lehrers oder eines meditierenden Buddhisten, schrieb Herbert an Isabel. Sondern allein Jesus kann uns vor Gott gerecht machen und diese Rechtfertigung allein aus Glauben war lange Zeit das Zentrum reformatorischer Predigt. Aber dieses Zentrum hat sich leider verschoben. An seine Stelle sind Flüchtlingshilfe, Umweltschutz und andere soziale Aktivitäten getreten und was es in ein paar Jahren sein wird, kann man heute noch nicht abschätzen. Das geht gar so weit, dass in einem Seniorenheim der Diakonie in Berlin betagte Menschen, die schon lange Zeit ihren Lebensmittelpunkt dort hatten, das Heim verlassen mussten, um Platz für Flüchtlinge zu schaffen. Darin zeigte sich nicht nur die verfehlte Flüchtlingspolitik der deutschen Regierung unter einer deutschen Bundeskanzlerin (auch dafür kann man den höchsten Orden der Republik bekommen), sondern auch eine zumindest teilweise geschönte Gegendarstellung des involvierten Vereines der Presse gegenüber (FOCUS online vom 01.03.2023). Denn angeblich waren laut Hinweisen aus Berliner Kircheneinrichtungen (FOCUS online) auch die höheren Landeszuschüsse für den Wechsel zu einem Flüchtlingsheim mitentscheidend.

Aber nicht nur in Deutschland, auch in Österreich blühen die wirren Ideen. In einem Artikel derPresse vom 26.04.2023 schrieb Frau Rosemarie Schwaiger (nicht verwandt mit unserem Freund Peter), dass laut Caritas und einem Mitbewerber der sozialdemokratischen Partei für den Parteivorsitz, der extrem linke Positionen vertritt, in diesem Land gehungert und gefroren wird. In Österreich, in dem im Jahr 2021 rund 132 Milliarden (!) Euro für soziale Leistungen ausgegeben wurden, an Suppenküchen und tägliche Ausspeisungen für Schüler mit einem Bioessen (ist das Essen, das aus konventionellem Anbau stammt, etwa schlechter? Anm. des Autors) zu denken, grenzt eindeutig an Panikmache und lässt vermuten, dass es manchen dieser Gruppen bloß um eine drastische Erhöhung der staatlichen Zuschüsse für ihre Arbeit geht. Aber das ausgezeichnet funktionierende Sozialsystem in diesem Land gehört zu den besten in Europa. Dass trotzdem andere Vorstellungen in unserer Gesellschaft herumgeistern, ließ nicht nur die Autorin verzweifeln. Denn dass durch den Druck auf unsere Grenzen von Menschen, die gerne ernten, wo sie nicht gesät haben, der soziale Kuchen nun unter mehr Menschen aufgeteilt werden muss, hätte schon vor Jahren denen klar sein müssen, die klatschend an unseren Grenzen standen.

In einem Artikel der Presse vom 13.06.2023 meinte Josef Urschitz, dass es jetzt an der Zeit sei, den Zuzug in unser Sozialsystem zu stoppen. Es gibt Migranten, so führte er aus, deren Beschäftigungsquote deutlich über dem Durchschnitt liegt. Da sind in erster Linie Deutsche, Ungarn, Slowenen und Slowaken. Es gibt aber auch Gruppen, meinte er einschränkend, die unsere Arbeitslosenstatistik drastisch beleben. Besonders krass treffe dies auf Syrer, Afghanen und Serben zu, zitierte er einen Bericht der Agenda Austria. Dass dies nicht nur in Österreich so ist, zeigte eine Studie des dänischen Finanzministeriums, die nachwies, dass Menschen aus der sogenannten MENAPT-Gruppe (Mittlerer Osten, Nordafrika, Pakistan, Türkei) aufgrund ihrer mangelnden Qualifikation und fehlender Sprachkenntnisse lebenslang Nettoempfänger im Sozialsystem bleiben. Aber einen Unterschied gibt es zwischen Dänemark und Österreich, denn der zuerst genannte Staat hat den Zuzug von potenziellen Sozialhilfeempfängern gestoppt.

Nach diesen abschweifenden Gedanken komme ich wieder zurück zum Thema, nämlich dem Unterschied zwischen christlicher Religion und Evangelium (vielleicht hat auch dieser kurze Ausflug in die unmittelbare Geschichte zu unseren Gedanken gepasst), meinte Herbert. Gott erwartet von niemandem eine Vorleistung, um an der Erlösung teilzuhaben. Das ist die schönste Seite des Christentums. Jeder muss die Tatsache seiner Verlorenheit eingestehen und auf das vollkommene Werk Jesu Christi, das in keiner Weise wiederholt werden kann und muss, vertrauen. Denn Glaube bedeutet Vertrauen und Gottes Antwort auf die Finsternis im Leben jedes Einzelnen ist Jesus Christus, der von sich behauptete: *Ich bin das Licht der Welt*. Religionen mit ihren Anstrengungen machen müde und man kann nie sicher sein, ob die Anstrengungen auch genügen. Aber Jesus Christus lädt uns ein: *Kommet her zu mir, die ihr mühselig und beladen seid, ich will euch erquicken.* (Matthäusevangelium 11:28).

In Apostelgeschichte 14:17ff zitiert der Verfasser Lukas, von dem auch das Evangelium geschrieben wurde, den Apostel Paulus, einen der Boten der Guten Nachricht, aus seiner Rede in Lystra in der heutigen Türkei: *Zwar ließ Gott in der Vergangenheit alle Völker ihre eigenen Wege gehen. Er gab sich jedoch schon immer zu erkennen, indem er ihnen Gutes tat. Er ist es, der euch vom Himmel her Regen schickt und euch zu den von ihm bestimmten Zeiten reiche Ernten schenkt. Er gibt euch Nahrung im Überfluss und er-*

füllt euer Herz mit Freude. Trotz dieser zahlreichen äußeren Geschenke hatte Gott den Bewohnern von Lystra, das ungefähr dreißig Kilometer vom heutigen Konya entfernt liegt, zusätzlich den Apostel mit der rettenden Botschaft von Jesus Christus geschickt. Keine dumpfe Ahnung der göttlichen Existenz und auch keine äußerliche Frömmigkeit reichen aus, um mit Gott Gemeinschaft zu haben. Sondern dazu braucht es die rettende Botschaft von der Gnade und Liebe Gottes, die in seinem Sohn sichtbar geworden ist. Andernfalls wäre die Rede des Apostels an die versammelte Menschenmenge sinnlos gewesen. Sinnlos auch die Aussage, dass der Gott, den sie unwissend verehrten, in ihrem religiösen System nicht zu finden war. Und ebenso sinnlos die Zusicherung, dass dieser Gott ihnen nicht fern war und sie ihn in seinem Sohn Jesus Christus finden konnten. Denn ohne persönliche Beziehung zu dem gekreuzigten und auferstandenen Heiland bleiben Menschen zwar religiös, aber trotzdem verloren und sind ohne ausreichende Antworten auf ihre Fragen des Woher und Wohin.

Da Isabel auch ihre E-Mail-Adresse bekanntgegeben hatte, schickte Herbert die Beantwortung ihrer Frage auf diesem Wege zu ihr. Nicht ohne vorher seine Abhandlung dreimal durchgelesen zu haben, wobei es ihm nicht so sehr um Rechtschreibfehler ging, sondern um Verständlichkeit, zumal er sich ja nicht in seiner Muttersprache mitteilte.

Der Heurige

Ausg'steckt is, so kündigt man in Teilen von Österreich einen geöffneten Heurigen (in anderen Teilen des Landes Buschenschank genannt) an. Dies wird durch einen über dem Haustor angebrachten Buschen aus mehreren zusammengesteckten grünen Zweigen, meist von Nadelgehölzen, angezeigt. So war es auch bei der Familie Nemec. Renate und Erwin hatten ihren Heurigenbetrieb das erste Mal in diesem Jahr geöffnet. Herrliche Speisen und hervorragend gekelterte Weine luden zu einem längeren Verweilen im großen Gastgarten vor dem Weinkeller ein. Birgit, Peter und Herbert samt ihren Partnern nutzten den wunderbaren Tag für ein gemeinsames Treffen. Birgits Mann Bernhard war ja Peter und Herbert bereits bekannt. Nur Monika, die zu Peter gehörte, und Christine, die Lebensgefährtin von Herbert, waren neu in der Runde. Man war gleich per Du und Erwin nahm sich kurz Zeit, seine Frau Renate vorzustellen. Er brachte ihnen gleich die Speisekarten und eine Flasche Grünen Veltliner samt Gläsern auf Kosten des Hauses mit. Nachdem sich auch die Gäste mit Namen bekannt gemacht hatten, mussten Renate und Erwin die Runde wieder verlassen, um die zahlreichen weiteren Heurigenbesucher zu bewirten. Es dauerte nicht lange, bis Peter wieder ein Haar in der Suppe fand. Gibt es denn hier keine biologischen Speisen, ich will keine Produkte, die mit Kunstdünger und Gift produziert worden sind, meckerte er. Schließlich weiß ich, wovon ich rede, ich bin ja schließlich Vertreter von biologischen Düngern und Pflanzenschutzmitteln, verkündete er lautstark und schaute umher, ob er vielleicht bei den anderen Gästen Unterstützung fand. Da dies nicht der Fall war, meinte er beleidigt, dass die Menschen wohl noch nicht reif seien, um zu verstehen, wie schlecht konventionell hergestellte Produkte seien. Erwin, der gerade vorbeiging, um den Nachbartisch zu bedienen, hörte das Gerede. Nachdem er die Speisen und Getränke abgestellt hatte, ging er zu Peter und bot ihm an, zu gegebener Zeit mit ihm über sein Problem zu reden. Denn jetzt ist ein Gespräch nicht möglich, denn ich bin seit dem frühen Morgen auf, um alles für den Heurigenbetrieb herzurichten und seit zehn Uhr bediene ich die Gäste, sagte Erwin etwas genervt. Peters Frau sah so aus, als würde sie – wie man so sagt – am liebsten im Boden versinken. Nur der Advocatus diaboli redete munter weiter und war schon wieder bei Kunstdünger und Gift.

Obwohl Erwin dem lamentierenden Peter ein Gespräch zu diesem Thema angeboten hatte, war der Biofreund immer noch nicht zu bremsen. Da alle in der Runde Peters Äußerungen mit Schweigen bestraften, ergriff Herbert das Wort. Ich will eurem Gespräch nicht vorgreifen, sagte er, aber da auch ich mit dem Gartenbau, vor allem dem Gemüseanbau, vertraut bin, möchte ich mich zu dem Wort ‚Kunstdünger' äußern, dem wahrlich nichts Künstliches anhaftet. Peter, vielleicht kann ich damit deinen Redefluss bremsen, sagte Meinhardt. Meine Zeit als Gärtner liegt zwar schon einige Zeit zurück, aber dass es keinen ‚Kunstdünger' gibt, dessen bin ich mir auch heute noch sicher. Die handelsüblichen mineralischen Dünger – so ist die richtige Bezeichnung – enthalten Stickstoff, Phosphor und Kali in verschiedenen Zusammensetzungen. Bleiben wir gleich beim Stickstoff, den es bei mineralischen Düngern in verschiedenen Formen gibt. Als gegen Ende des 19. Jahrhunderts die natürlichen Stickstoffvorräte aufgrund des rapiden Wachstums der Bevölkerung langsam zur Neige gingen, war es den Landwirtschaftsexperten bewusst, dass alternative Stickstoffquellen gefunden werden mussten. 1909 gelang es dann Fritz Haber, flüssiges Ammoniak herzustellen. Sein Patent überließ er der Firma BASF und dem Chemiker Carl Bosch. Noch heute reagiert unter der Einwirkung von hohem Druck und Temperatur Luftstickstoff – der ja ausreichend vorhanden ist – mit Wasserstoff und bildet dabei Ammoniak, einen mineralischen Stickstoffdünger.

Phosphor in Form von Salzen der Phosphorsäure ist für das Blütenwachstum entscheidend. Blüten, aus denen im Gemüsebau dann

Früchte wie Tomaten oder Paprika entstehen. 2005 wurden 17,5 Millionen Tonnen Phosphor abgebaut, also nicht künstlich hergestellt; davon wurden 14 Millionen Tonnen für die Düngemittelherstellung verwendet. Da Phosphor aber nicht gut in Wasser löslich ist, muss es vorher noch aufbereitet werden. ‚Kunstdünger?' Fehlanzeige. Kali ist die dritte Komponente in einem mineralischen NPK-Dünger. Kali schützt die Pflanzen bei Frost und Trockenheit und macht sie widerstandsfähiger gegenüber Pilzkrankheiten. Man braucht daher weniger Pflanzenschutzmittel. Als Kalibergbau wird der Abbau von Kalisalz (!) unter Tage bezeichnet und der gemeinsame Abbau von Kali- und Steinsalz wird als Salzbergbau zusammengefasst. ‚Kunstdünger?' Fehlanzeige. Ist Steinsalz ein künstliches Produkt? Viele Menschen wissen oft nicht, wovon sie reden, wenn sie ihre Meinung kundtun, aber ohne den Einsatz von mineralischem Dünger würden bei dem derzeitigen Wachstum der Weltbevölkerung noch mehr Menschen an Hunger sterben. Mineralische Dünger sind im Gegensatz zu organischen Düngern effizienter und auch genauer, zum Beispiel als Flüssigdünger, zu dosieren und auszubringen. Die immer weiter fortschreitende Technisierung der Landwirtschaft mit immer besseren Maschinen, die einen gezielteren und geringeren Einsatz von Ressourcen erlauben, ist unumgänglich für die weltweit erforderliche Nahrungsmittelproduktion. Nur die kleinen grünen Männchen (natürlich auch Weibchen) können oder wollen das nicht verstehen.

Herbert beendete nun seinen Monolog, als er die etwas gelangweilten Gesichter sah. Alles Weitere wird dir Erwin bei seinem Gespräch, das er dir zugesagt hat, erklären, sagte er mit Nachdruck. Peter erkannte nicht, dass er die ganze Stimmung der versammelten Runde auf den Nullpunkt gebracht hatte. Deshalb ermunterte Herbert alle anderen, wieder zu einem weniger kontroversen Gespräch zurückzukehren. Entweder hatte Peter nicht zugehört oder er wollte nicht hören. Und was ist mit der Gentechnik?, platzte er erneut heraus. Nun tat Erwin so, als hätte er ihn nicht gehört. Trotzdem schickte er ihm einen Ausschnitt aus der Presse vom 23.04.2023 von Matthias Auer.

Klimaschutz aus dem Genlabor

Synthetische Biologie kann viel im Kampf gegen die Klimakrise beitragen. Europa stößt ihr aus altem Reflex die Türe zu.

So wie bisher kann es nicht weitergehen. Sätze wie diese hört man oft, wenn es um Erderwärmung und Klimawandel geht. Meist ist damit gemeint, dass wir keine Autos mehr fahren, keine Flugzeuge mehr besteigen und kein Fleisch mehr essen sollen ...

... Tara Shirvani meint es anders. Alle bisherigen Bemühungen, CO_2 einzusparen, bringen uns nicht ans Ziel. Wir bekämpfen nur die Symptome, aber nicht die Wurzeln des Dilemmas ...

... Shirvani, eine frühere Weltbankmitarbeiterin und Oxford-Forscherin, hat eine Lösung parat – und die ist zumindest einen zweiten Blick wert. In ihren Augen liegt der Schlüssel zur Lösung der Klimakrise in der Gentechnik ... Bakterien, die CO_2-freien Beton herstellen oder Turbobäume, die zehn Mal mehr Kohlendioxid binden können als herkömmliche Bäume ...

Gentechnik in Österreich. Fehlanzeige. Darüber nachzudenken ist genauso unmöglich wie sich Gedanken über die Neutralität oder Atomkraft zu machen. Oh du glückliches Österreich, träume nur weiter.

Der Papst, der nie in Rom war

Herbert war gerade dabei, im Pressespiegel auf seinem Smartphone einen Artikel über ‚die sieben Todsünden der Christine Lagarde bei der Inflationsbekämpfung' zu studieren, als ein vertrautes *pling* den Eingang einer E-Mail anzeigte. Er las den begonnenen Artikel zu Ende und sah dann, dass Isabel eine E-Mail aus Großbritannien geschickt hatte. Sofort öffnete er die Nachricht, in der sie noch einige ergänzende Gedanken zu Herberts letztem Antwortschreiben bezüglich ihrer Frage, ob das Christentum denn eine Religion sei, anmerkte. Herbert hatte ihr klargemacht, dass das biblische Christentum weder eine Religion noch eine Ideologie ist. Nachdem sie einige Gegenargumente zu Herberts Ausführungen vorgebracht hatte, lag ihr wieder eine neue Frage auf dem Herzen. Sie wollte wissen, wie er zum Papsttum eingestellt war. Herbert bestätigte Isabel den Eingang ihrer Nachricht und bat sie um ein paar Tage Geduld, um sich genau mit diesem Thema beschäftigen zu können. Er wollte nicht sofort seine Ablehnung dazu zum Ausdruck bringen, sondern ihre weitreichende Frage mit geschichtlichen Fakten und Erkenntnissen erläutern. Nach stundenlangem Stöbern in seiner umfangreichen Bibliothek und in den vielen Fachartikeln, die er aus Zeitungen ausgedruckt hatte, machte er sich daran, Isabel Vauxhall zu antworten.

Aus dem Matthäusevangelium heraus leitet die römisch-katholische Kirche ab, dass Jesus Petrus als den Felsen bezeichnete, auf dem er seine Kirche, seine Gemeinde bauen wollte, begann Herbert. Nur verwendete Jesus zwei verschiedene Worte für den Begriff Fels. Einmal das Wort Fels in männlicher Form – das man auch mit Stein übersetzen könnte – auf Petrus bezogen und das zweite Mal verwendete Christus die weibliche Form von Fels, nämlich den, auf dem die Kirche gebaut werden sollte. So als ob der Sohn Gottes damit ausdrücken wollte, dass es sich um zwei verschiedene Aspekte handeln würde. Es könnte nämlich auch gut möglich sein, dass er mit dem Wort Fels auf die Kirche bezogen sich selbst als das Fundament seiner Gemeinde bezeichnete. Denn diese Interpretation, dass Jesus selbst der Fels seiner Kirche ist, findet sich in einigen Briefen der Apostel (1. Petrusbrief 2: 4–7, 1. Korintherbrief 10:4), die Zeitzeugen Jesu waren.

Auch der Arzt Lukas, der Schreiber eines der Evangelien und der Apostelgeschichte, überlieferte der Nachwelt viele Informationen über das Leben und die Missionsreisen des Paulus. Ausführlich schrieb er auch über die Zeit des Apostels Paulus in Rom, wo dieser möglicherweise hingerichtet wurde. Aus dem Neuen Testament wissen wir darüber aber nichts Genaueres. Aber ganz sicher wissen wir aus dieser Quelle *nicht*, dass der Apostel Petrus jemals in Rom war und dort gekreuzigt wurde. Petrus war der Apostel, der den Juden die frohe Botschaft von Jesus Christus bringen sollte. Es gab zwar zu dieser Zeit eine größere Anzahl von Juden in der Hauptstadt des Römischen Reiches, aber von einem Aufenthalt des Petrus in Rom gibt es keinen Bericht im Neuen Testament. Paulus hatte zwar sechs seiner Briefe in Rom verfasst, aber in keinem einzigen schrieb er über einen Aufenthalt des Apostels Petrus in Rom. Lediglich im neunten Kapitel des ersten Korintherbriefes schreibt Paulus, dass Petrus verheiratet war und ihn seine Frau zumindest teilweise auf seinen Missionsreisen begleitet hat. Nichts davon, dass er Frau und Kind verlassen hat, wie es die römische Überlieferung fälschlich darstellt. Aber auch nichts darüber, dass Petrus in Rom war. Schon komisch, dass der große Apostel für die Heiden (Nichtjuden), nämlich Paulus, nichts über eine gemeinsame Zeit in Rom mit dem Apostel Petrus, den Gott als Missionar für die Juden auserwählt hatte, berichtet.

Das erste Mal, dass sich jemand als *papa*, als Papst und Nachfolger des Petrus bezeichnete, war im Jahr 384 n. Chr. Damals nahm ein gewisser Siricius von Rom als Erster diesen Titel für sich in Anspruch. Als exklusive Amtsbezeichnung wurde der Titel Papst dann von Gregor dem I. (590 bis 604) gesetzlich festgeschrieben. Überhaupt war das hierarchische System der römisch-katholischen Kirche eine Fehlentwicklung und die Trennung des Kirchenvolkes in Geistliche und Laien findet sich in keinem der apostolischen Briefe. Ursprünglich gab es in den neu gegründeten Gemeinden des ersten Jahrhunderts zwar verschiedene Aufgaben, aber diese Trennung und Bevorzugung von ‚Geistlichen' widerspricht den Absichten Gottes, ja verkehrt sie sogar ins Gegenteil. In den ersten Gemeinden waren alle Schwestern und Brüder und es gab keine besonderen Glieder, die eine Mittlerrolle oder eine Sonderstellung hatten. Je mehr sich die römische Kirche zu einer Religion entwickelte, umso deutlicher traten diese Missstände zutage. Nun zum Titel ‚Pontifex maximus': Dieser bezeichnete ursprünglich den obersten Wächter des altrömischen Götterkultes und ging später auf die römischen Kaiser und schließlich auf den römischen Bischof, der immer mehr in seiner Machtfülle glänzte, über. Des Weiteren gibt es auch Quellen, die behaupten, dass die babylonische Gedankenwelt über den Umweg Kleinasien Einzug in das römische System gefunden hat (Hislop: von Babylon nach Rom).

Isabel, unterbrach Herbert seine zu Worten geformten Erkenntnisse, vergleiche doch einmal die Kleidung eines Papstes mit Reliefs aus irakischen Museen (diese sind ganz leicht im Internet zu finden), die einen Priester des Fischgottes Dagon darstellen. Darüber noch Worte über die Ähnlichkeit zu verlieren, erübrigt sich ganz deutlich. Man braucht nur die Kopfbedeckung der beiden zu betrachten, sagte er erläuternd. Weiterhin wies er auf den amerikanischen Autor Dave Hunt hin, der in seinem Buch ‚Globaler Friede und Aufstieg des Antichristen' auf den Seiten 119 und 163 Folgendes schrieb: ... *es gibt keine andere Kirche, die auch nur annähernd einen solchen Einfluss auf weltliche Machthaber ausgeübt hat. Der Papst empfängt und segnet einen nicht enden wollenden Strom von Würdenträgern ... darunter waren auch Terro-*

risten wie Jasir Arafat von der PLO ..., weil er sein großes Ansehen ins Spiel bringen konnte und den Weltfrieden als Anreiz einsetzte, konnte der Papst 1986 die Führer verschiedener Weltreligionen im italienischen Assisi versammeln. Die Teilnehmer **beteten jeweils zu dem ‚Gott', an den sie gerade glaubten (!)** *und flehten zu den verschiedensten Gottheiten um Weltfrieden ...*

Isabel, schrieb Herbert weiter, vielleicht denkst du, dass ich nur Negatives zu berichten habe. Aber Fakten sind nun einmal Fakten und lassen sich nicht schönreden. Die Wahrheit darf nämlich nicht auf dem Altar des Weltfriedens geopfert werden, aber es gibt auch eine unendlich positivere Botschaft weiterzugeben (1. Johannesbrief 1:7): **Das Blut Jesu Christi macht uns rein von aller Sünde.** *Das Blut am Kreuz von Golgatha, nicht ein im Abendmahl befindliches, wie die katholische Kirche lehrt, nicht die Lossprechung im Beichtstuhl und die danach auferlegten Gebete machen uns rein. Noch deutlicher sagte es der Prophet Jesaja (53:5) lange vor dem Tod Jesu Christi am Kreuz von Golgatha:* **Die Strafe liegt auf ihm, auf dass wir Frieden** *(mit Gott)* **haben.**

Das Gespräch geht weiter

Nachdem der Heurige seine Pforten geschlossen hatte und alles wieder an seinen Platz für den nächsten Termin geräumt worden war, rief Erwin Peter an, um ihn an das versprochene Gespräch zu erinnern. Sie vereinbarten den nächsten Sonntagnachmittag für die Unterredung, zu der auch alle anderen samt Partner eingeladen waren. Vorher wollten sie noch die Kittenberger Erlebnisgärten in Schiltern besuchen. Nachdem sie im Gasthaus zur Post in Langenlois zu Mittag gegessen hatten, brachen sie gegen zwölf Uhr dreißig zu dem Ausflugsziel auf. Herbert hatte beim Mittagessen bereits erzählt, dass er Reinhard Kittenberger aus seiner Zeit als Gärtner in der großen Praxisgärtnerei der Gartenbaufachschule kenne und er ihn für seine hervorragende Leistung bewundere. Er besuche die Erlebnisgärten schon seit vielen Jahren und es erstaune ihn immer wieder, wie viele neue Gärten in der Zwischenzeit dazugekommen waren, berichtete er weiter. Denn die Zahl der Schaugärten war nunmehr auf fünfzig angewachsen. Zu vielen Themen gab es die entsprechenden Gärten zu bestaunen und besonders beeindruckt waren die Besucher von der Gartenarena, in der jährlich viele Veranstaltungen zu den verschiedensten Themen stattfinden. Von den prominentesten Besuchern gab es Schautafeln, die mit den nötigen Erklärungen versehen waren. Drei Stunden wanderten die Freunde durch das Areal und sie waren sich sicher, längst nicht alle Gärten gesehen zu haben.

Zwischendurch versuchte Herbert mit Peter alleine ins Gespräch zu kommen. Peter, begann er seine Rede, wir haben dich gern und schätzen dich. Was deine Philosophie zum Gärtnern betrifft, sind Erwin und ich zwar ganz anderer Meinung, aber wir wollen dir unsere Einstellung nicht aufzwingen. Ich bitte dich, dass du bei deinem Gespräch mit Erwin sachlich bleibst und uns nicht zu deiner Philosophie bekehren willst. Hör dir an, was Erwin zu sagen hat, und vielleicht bringe auch ich mich kurz ins Gespräch ein. Peter versprach, mit sachlichen Argumenten zu diskutieren und damit war die Sache fürs Erste erledigt. Die Frauen waren mit Erwin und Bernhard schon in den Gartenshop vorausgegangen und kauften bereits fleißig ein. Als Peter und Herbert nachkamen, waren die Einkäufe bereits erledigt und bezahlt, sodass man nun zum Ausgang strebte. Die Freunde fuhren danach das kurze Stück nach Langenlois zurück. Renate hatte schon vor dem Mittagessen Kaffee in Thermoskannen gefüllt und den Tisch bereits für die Jause gedeckt. Aus dem Kühlschrank holte sie die tiefgefroren gekaufte Torte, die bereits aufgetaut war. So hatte auch die Hausfrau Zeit, beim geselligen Beisammensein dabei zu sein. Nachdem Kaffee und Torte verzehrt waren, bat Erwin um Ruhe. Es dauerte zwar einige Zeit, bis diese eintrat, aber dann ging es mit den Erläuterungen los.

Mit Herbert hast du ja bereits über den sogenannten Kunstdünger gesprochen und ich hoffe, du hast seine Argumente überdacht, begann der Hausherr. Ich möchte jetzt über den Pflanzenschutz sprechen und mache vorerst einen kleinen Ausflug in die Antike. Schon Homer, der Dichter der Ilias und der Odyssee, berichtete von der Bekämpfung von Pilzkrankheiten mit Schwefel. Und die Römer setzten pflanzliches Pyrethrum, das aus einer Chrysanthemenart gewonnen wird, als Insektizid zur Bekämpfung von Läusen und Flöhen ein. Da meldete sich sofort Peter zu Wort, der meinte, dass diese Mittel auch im biologischen Landbau verwendet werden. Herbert musste ihm innerlich recht geben. Aber ebenso gab er Erwin recht, der mit seiner Frage, was es denn für einen Unterschied mache, ob das Pyrethrum aus einer Pflanze, nämlich einer Chrysanthemenart, gewonnen oder synthetisch hergestellt würde, ins Schwarze traf. Das Gespräch zu diesem Thema zog sich so lange hin, bis den beiden die Argumente ausgingen und jeder die Einstellung des anderen akzeptierte. Erwin war überzeugt, dass von den synthetisch hergestellten Stoffen grundsätzlich kein größeres Risiko ausgeht als von den natürlichen. Denn es sei egal, ob jemand mit Blausäure oder Tollkirschen vergiftet wird, meinte er. Bei der Vorstellung von der ‚sanften Natur' als Gegenstück zur ‚bösen Chemie' handelt es sich um eines der größten Missverständnisse unserer heutigen Zeit. Denn die Dosis macht das Gift, sagte schon Paracelsus.

Aber es entspricht dem gegenwärtigen Zeitgeist in den westlichen Industrieländern, dass sich die Menschen meist vor den falschen Dingen fürchten, wechselte er das Thema. Das betrifft natürlich auch die Gentechnik. Da wurde es auch für die Freunde und ihre Partner wirklich interessant. Auch bei dieser Thematik machte Erwin einen Ausflug in die Geschichte. Seit ungefähr 10.000 Jahren, so begann er, verändern bzw. manipulieren Menschen ihre Nutzpflanzen und -tiere durch Züchtung. Damit wurde deren genetische Zusammensetzungen positiv verändert und die Erträge gesteigert. Heute ist dies aber auch durch Eingriffe auf molekularer Ebene möglich, das heißt auf der Ebene der Gene. Daher liegen die wissenschaftsfernen Gegner dieser Art der Züchtung vollkommen falsch, wenn sie Propaganda heischende Begriffe wie Genpflanzen oder Genmanipulation verwenden. Diese Worte finden sich im sprachlichen Gebrauch vieler Umweltschutzorganisationen. Damit machen sie wirksam auf ihre Anliegen aufmerksam und schüren die Ängste der Leute, die von diesen Themen wenig Ahnung haben. Das hilft diesen Gruppen, neue Mitglieder zu rekrutieren, und neue Mitglieder bedeuten mehr Spenden für weitere manipulierende Aktionen. Aber Angst ist ein schlechter Ratgeber und diese NGOs verstehen es meisterhaft, Ängste zu verbreiten.

Gegen neunzehn Uhr strömten alle nach Hause, denn für einige von ihnen war am nächsten Tag ein Arbeitstag. Renate hatte zwar angeboten, eingefrorene Fleischreste, die vom Heurigen übrig geblieben waren, aufzutauen, um daraus ein Gulasch zu kochen, aber die Freunde lehnten dies ab, denn keiner von ihnen wollte zu spät nach Hause kommen. Herbert, der sein Smartphone während des Gesprächs auf ‚lautlos' gestellt hatte, war entgangen, dass zwischenzeitlich eine neue Nachricht eingegangen war. Als er sein Gerät wieder umstellte, sah er, dass die E-Mail von Isabel war. Das bedeutete sicher wieder eine neue Frage und eine lange Nacht. Bevor Christine und Herbert die Familie Nemec verließen, sagte Meinhardt: Bis bald und wir bleiben im Gespräch.

Von einer Nebenrolle zur Königin

Zu den ältesten und auch falschesten Dogmen der Kirche gehört das der Gottesmutterschaft Mariens. Es ist vollkommen unbiblisch und es findet sich an keiner Stelle im Neuen Testament ein derartiger Hinweis. Denn es wurde erst auf dem Konzil von Ephesos im Jahr 431 beschlossen. Ephesos, das in der Antike bekannt war für den Glauben an Artemis, der man einen prunkvollen Tempel baute, der zu den sieben Weltwundern zählte und im Jahr 268 n. Chr. von den Goten zerstört wurde. Von einer Nebenrolle im Neuen Testament als Mutter Jesu, des menschgewordenen Gottes, wurde Maria zur Quasi-Gottheit erhoben. Zu einer Himmelskönigin, der Anbetung gebührt und zu der man um Hilfe flehen kann, wurde sie fälschlicherweise gemacht. Als Gottheit wird meist ein übernatürliches Wesen bezeichnet, das über eine große und transzendente Macht verfügt. Aber als Jesus auf der Hochzeit zu Kana von seiner Mutter gedrängt wurde, ein Wunder zu vollbringen, wies er sie schroff ab. Was habe ich mit dir zu schaffen, Frau, sagte er zu ihr. Die Reformatoren von Johannes Calvin über Martin Luther bis Huldrych Zwingli und am deutlichsten John Knox in Schottland erklärten dieses Dogma für unbiblisch und daher für falsch. Denn die Botschaft der Evangelien lässt es in keiner Weise zu, Maria als Gottesgebärerin, die ohne Sünde war, zu bezeichnen. Im Lauf des Mittelalters (ziemlich spät nach der Entstehung der Evangelien) entstand eine eigenständige Marienfrömmigkeit mit der falschen Vorstellung, dass Maria als Mittlerin zwischen Mensch und Gott wirkt. Ausdruck fand und findet dieser Glaube in Marienwallfahrten und in Gebeten, die sich an sie und nicht direkt an Gott richten. Aber all diese Wallfahrten zu den Marienheiligtümern sind im Lichte der Heiligen Schrift tote, also sinnlose Werke und die an Maria gerichteten Gebete sind ohne Aussicht auf Erhörung.

Liebe Isabel, ich habe dir nur kurz geschrieben, da du uns ja in den nächsten Wochen besuchen wirst. Wir alle freuen uns schon darauf, dich persönlich kennenzulernen. Birgit und ich sind natürlich bereit, weiterhin deine Fragen zu beantworten, um Unklarheiten auszuräumen, fügte Herbert hinzu. Wie bereits besprochen, kannst du bei den Mühlbergers wohnen und wir werden dir gerne – falls du magst und Zeit dafür findest – unsere Heimat zeigen. Abschließend würde ich dir empfehlen, zwischenzeitlich ein wenig Deutsch zu lernen, denn das könnte dir auch als Lehrkraft in deiner Heimat vielleicht eines Tages nützen. Bis bald und wir bleiben im Gespräch, beendete Herbert seine E-Mail und seine geschichtliche Abhandlung über die Marienverehrung der römischen Kirche.

Die Freunde, die nach Norden fuhren

Auch Erwin hatte am nächsten Tag eine Nachricht auf seinem Smartphone. Ein Reisebüro, bei dem er und Renate bei einem Preisausschreiben mitgemacht hatten, informierte sie, dass sie eine Fahrt für eine Person nach Schweden, Finnland und Norwegen gewonnen hatten. Der Termin dafür war für die ersten beiden Juliwochen festgelegt. Das war natürlich für die beiden sehr ungünstig, da zu dieser Zeit in der Gärtnerei viel zu tun war. Auch wenn Anfang Juli nicht die Haupterntezeit war, so benötigten die Pflanzen auch im Hochsommer viel Pflege. Renate hatte dazu eine Idee: Frag doch deinen Cousin, der Lehrer an der Gartenbaufachschule ist, ob er für dich in dieser Zeit einspringen könnte. Auch einen Schüler, der in den Ferien Geld verdienen möchte, könnten wir uns leisten, meinte Renate unternehmungslustig. Für den restlichen Juli könnten wir seine Hilfe auch gut brauchen, sagte sie abschließend. Gesagt, getan. Erwin rief bei Karl an und brachte ihm sein Anliegen vor. Er unterrichtete Betriebswirtschaft und Deutsch und hatte daher in den Ferien keinen Dienst in der Praxisgärtnerei. Er werde es sich überlegen, sagte Karl damals und versicherte, in den nächsten Tagen zurückzurufen.

Erwin rief auch bei seinen Freunden an und fragte sie, ob sie sich eine gemeinsame Reise in den Norden vorstellen könnten, falls sein Cousin in dieser Zeit für seine Gärtnerei und die Weingärten sorgen könnte. Auch die Freunde sagten eine baldige Antwort zu. Am nächsten Tag schon gab Karl seinen Verwandten eine positive Zusage und erklärte, dass er mit ziemlicher Sicherheit einen wissbegierigen Schüler gefunden habe, der bereit wäre, im Gemüsebaubetrieb mitzuarbeiten. Ein Problem gäbe es aber noch, erklärte er. Der Schüler sei aus dem Burgenland und habe natürlich keine Unterkunft in der Nähe. Erwin dachte längere Zeit nach und fand die Lösung in dem kleinen Anbau am Wohnhaus, wo sein Vater die letzten Jahre seines Lebens verbracht hatte. Und auch für eine warme Mahlzeit am Tag werden wir eine Lösung finden, war sich der Gärtnermeister sicher. Er dankte seinem Cousin für seine Bereitschaft und Hilfe. Dieser sagte abschließend, dass er sich schon freue, wieder einmal Glashausluft zu schnuppern und nicht immer nur Theorie zu vermitteln.

Die Freunde hatten sich mit ihren Partnern besprochen und alle waren mit einer gemeinsamen Reise einverstanden. Sie hatten bereits beim Reisebüro vorgefühlt, ob es noch freie Plätze gab. Nach einer positiven Antwort hatte Peter für alle reserviert und machte nach Erwins Information die Buchungen fix. Nur Birgit musste noch eine Lösung für Puma, ihre Kartäuserkatze, finden. Schnell fand sich der gemeinsame Sohn der Mühlbergers, der circa zehn Kilometer entfernt wohnte, bereit, für die Katze zu sorgen. Die beiden verstanden sich nämlich außerordentlich gut und Katzen sind ja meist lieb und nett, wenn nur ihr Dosenöffner pünktlich zur Essensausgabe erscheint und ein wenig mit ihnen spielt. Somit waren die äußeren Voraussetzungen für eine gelungene Reise gegeben.

Die Freunde bereiteten sich nun auf die Fahrt vor. Reiseführer wurden gekauft und im Internet machten sich die Reisegefährten schon früh schlau über die geplante Route, da die bisher vom Reisebüro zur Verfügung gestellten Unterlagen eher spärlich waren. Im Internet wurde auch für T-Shirts mit dem Aufdruck eines aufsteigenden Flugzeugs und dem Schriftzug *no shame* darunter geworben. Da diese beim Kauf von zehn Stück weitaus günstiger zu erwerben waren, bestellte Birgit gleich diese Anzahl in verschiedenen Farben. Bei den Freunden und ihren Partnern fand die Idee, diese beim Abflug anzuziehen, begeisterten Anklang. Mit diesen T-Shirts ausgestattet, trafen sie sich um drei Uhr dreißig vor dem Büro des Reisebüros und nahmen im Bus, der die Reisegruppe zum Flughafen Wien-Schwechat bringen sollte, die für sie reservierten Plätze ein. Gleich zu Beginn begutachteten alle der sechsundzwanzig Teilnehmer einander genau, aber bald schlummerten die ersten müden Reisenden ein. Im Flughafen herrschte bereits ein reges Treiben und bald passierte auch schon das erste und letzte Unglück der Reise. Ein Passagier stolperte auf der Rolltreppe und brachte einen zweiten zu Fall. Die leichten Verletzungen der beiden wurden behandelt, obwohl es länger gedauert hatte, bis zwei Sanitäter in die Abflughalle gekommen waren. Doch die Fahrt in den Norden konnte ohne weitere Zwischenfälle fortgesetzt werden.

Nach der Landung auf dem Stockholmer Flughafen Arlanda begann schon die erste Stadtrundfahrt. Die Stadt, in der rund eine Million Menschen wohnen, bietet natürlich auch viele Sehenswürdigkeiten; darunter die Residenz des Königs, das Schloss Gripsholm, das ABBA-Museum und die Altstadt Gamla-Stan mit ihren bunten Häusern. Zum Abschluss des ersten Tages besuchten die Freunde und ihre Mitreisenden das Vasa-Museum. Dort ist ein mit Hunderten geschnitzten Skulpturen verziertes Schiff ausgestellt, das 1628 auf seiner Jungfernfahrt gesunken war. Nach seiner Bergung wurde das einzige aus dem 17. Jahrhundert erhaltene Schiff, das heute noch zu fünfundneunzig Prozent aus Originalteilen besteht, im Museum ausgestellt. Nach der Besichtigungstour ging es ins erste Hotel, wo die Reisenden müde ihre Koffer auf die Zimmer brachten. Beim Abendessen wurden die ersten Kontakte mit den Mitreisenden geknüpft. Denn die Freunde hatten sich nicht gemeinsam an einen Tisch gesetzt, denn sie wollten nicht als geschlossene Gruppe auftreten, sondern persönlichen Kontakt zu den Mitreisenden finden. Hier erlebten sie bei der Bezahlung der Getränke, die sie zum Abendessen bestellt hatten, zum ersten Mal auf der vierzehntägigen Reise, dass man in Skandinavien seine Rechnungen ausschließlich mit Bank- oder Kreditkarte begleichen musste.

Am nächsten Tag in der Früh brachte Hermann, der Busfahrer, die Reisegruppe zum Dom von Uppsala. Unterwegs erklärte die

Reiseleiterin Martina die wesentlichen Details über diesen Dom, der auch Eriksdom genannt wird. Dieser ist im gotischen Stil erbaut und der Turm ist mit seinen rund einhundertneunzehn Metern Höhe das höchste Kirchengebäude Skandinaviens. Dieses Gebäude ist die Krönungs- und Grabstätte vieler schwedischer Könige. Auch der bekannte Naturforscher Carl von Linné hat dort seine letzte Ruhestätte gefunden. Diesem war Herbert sowohl im Naturgeschichteunterricht (ja, so hieß der damals) des Gymnasiums als auch in der Gartenbaufachschule begegnet. Linné war natürlich auch Erwin und Peter bestens bekannt. Schon bald sollten sie den Namen des Forschers erneut hören, nämlich bei der Führung durch die Universität mit ihrer wunderschönen Aula, die sie im Anschluss besichtigten. Diese hatte neben Carl von Linné noch viele andere bekannte Persönlichkeiten hervorgebracht, unter anderem Anders Celsius, Dag Hammarskjöld und den Schriftsteller Hakan Nesser. Als nächste Sehenswürdigkeit besichtigte die Gruppe das Hügelgrab Haga am gleichnamigen Fluss, das erst zu Beginn des 20. Jahrhunderts ausgegraben worden war.

Von dieser Begräbnisstätte ging es weiter zur nächsten Kirche, die auch von außen einen imposanten Eindruck machte. Dieser wurde aber von der Ausstattung im Inneren des Kirchengebäudes weit übertroffen. Wunderschöne Fresken mit biblischen Motiven zierten die Wände und das Kreuzgewölbe. Auch die Kanzel samt dem dazugehörenden Aufgang beeindruckte mit ihren wunderschönen Darstellungen. Da kam einem der Mitreisenden eine verwegene Idee, die er auch sofort verbal zum Ausdruck brachte. Wer steigt jetzt die Kanzel hinauf und hält eine Predigt?, fragte er, und zwei weiteren Personen schien anscheinend seine Idee zu gefallen. Sofort sah Birgit Herbert an, dieser gab ihr aber mit einer Kopfbewegung zu verstehen, dass sie hinaufsteigen sollte. Schließlich bestiegen sie gemeinsam die Kanzel und während sie hinaufgingen, packte Herbert ein kleines Neues Testament aus seinem Rucksack aus, öffnete es und gab es Birgit. Herbert hatte das dritte Kapitel des Johannesevangeliums aufgeschlagen, aus dem Birgit vorzulesen begann. Ein Jude aus der Gruppe der Pharisäer war zu Jesus gekommen und sagte zu ihm: *Die Wunder, die du tust, beweisen, dass Gott mit dir ist. Da sagte Jesus zu ihm: Ich versichere dir, wenn jemand nicht von Neuem geboren wird, kann er das Reich Gottes nicht sehen.*

Danach erläuterte Birgit die Worte Jesu. Mit der Neugeburt meinte Jesus eine persönliche Veränderung im Herzen eines Menschen durch den Heiligen Geist, erklärte sie mit wohlbedachten Worten. Am Schluss gab sie Herbert die kleine Bibel zurück und er las daraus den letzten Vers aus dem dritten Kapitel des Evangeliums: *Und alle, die an den Sohn Gottes glauben, haben das ewige Leben. Doch die, die dem Sohn nicht gehorchen, werden das ewige Leben nicht erfahren, sondern der Zorn Gottes bleibt weiterhin auf ihnen.* Kurz darauf gingen alle zum Bus zurück und fuhren zum Hotel. Je weiter sie nach Norden kamen, desto dürftiger und karger wurde die Landschaft. Das Buffet zum Abendessen war dafür aber reichhaltig und vielfältig. Hier bewahrheitete sich der Werbeslogan, dass der Genuss in der Vielfalt liegt.

Obwohl es schon auf der Busfahrt viele Fragen der Reisegruppe zu dem vorgetragenen Bibeltext gegeben hatte, blieben nach dem Abendessen noch einige der Gruppe im Speisesaal, da sie noch mehr von Birgit und Herbert über ihren Glauben hören wollten. Sie setzten sich gemeinsam an einen Tisch. Da begann Herbert von seiner Reise nach Indien zu erzählen und plötzlich kam eine Frau aus einer deutschen Reisegruppe, die noch spät zu Abend aß, auf sie zu und fragte, ob sie sich zu ihnen setzen dürfe. Natürlich sind Sie herzlich eingeladen, bei uns Platz zu nehmen, meinte Birgit. So blieben die meisten der Gesprächsrunde fast bis Mitternacht sitzen, obwohl der nächste Tag für sie sicher wieder eine Herausforderung werden würde. Schon im Gehen nahm die deutsche Frau, die sich als Ruth vorgestellt hatte, Herbert zur Seite und erzählte ihm einen Teil ihrer Lebensgeschichte. Auch ich, erzählte sie, habe mich in meiner Jugend nach Indien aufgemacht und habe auf meiner Reise zum Glauben an Jesus Christus gefunden. Aber ganz bis Indien bin ich dann doch nicht gekommen, denn bald nach der afghanischen Grenze bin ich in Pakistan schwer krank geworden und habe drei Wochen in Peshawar im Dilhramhaus verbracht, wo ich von der christlichen Gemeinschaft, die dieses Haus betrieb, wieder gesund gepflegt wurde. Und nach vielen Gesprächen habe ich in dieser Gemeinschaft zum Glauben an Jesus Christus gefunden. Von dort habe ich mich dann umgehend nach meiner Genesung mit dem ‚Magic Bus', der mich bis nach Istanbul brachte, auf den Heimweg gemacht, erklärte die Deutsche. Denn als Frau allein durch Afghanistan zu reisen, wäre auch damals schon unmöglich gewesen. Meine Freunde, mit denen ich unterwegs war, waren inzwischen ohne mich weitergereist. Du kennst dieses Haus in Peshawar sicher, sagte Ruth, worauf ihr Herbert antwortete, dass auch er bei seiner Hinreise nach Indien dort genächtigt habe. Da es schon spät war, beendeten die beiden bald ihr Gespräch und tauschten ihre E-Mailadressen aus. So klein ist die Welt, dachte sich Herbert beim Einschlafen.

Am dritten Tag ging es entlang des Bottnischen Meerbusens nach Sundsvall, das als die schönste Stadt Schwedens gilt. Martina, die Reiseleiterin, erzählte von den reichen Fischgründen und der wirtschaftlichen Blüte der Region. Aufgrund der vielen Wasserkraftwerke in dieser Gegend war es möglich gewesen, eine bedeutende Industrie zur Herstellung von Aluminium aufzubauen. Auf dem Weg nach Lulea zeigte die Reiseleiterin der Gruppe einen Mareograph, der zum Messen des stetigen Landzuwachses in der Vergangenheit diente. Auch bei einem Leuchtturm machte der Bus halt. Ein Teil der Reisegruppe stieg auf den Turm, andere verzichteten aus Höhenangst lieber darauf. Aber auch hier gab es nur einen kurzen Stopp und auf der Fahrt zum nächsten Ziel erzählte die Reiseleiterin über das Kirchdorf in der Altstadt von Lulea, Gammelstads genannt. Die rund 400 meist rot gefärbten Häuschen waren deshalb gebaut worden, um diejenigen, die den Gottesdienst besuchen mussten, einen Platz zum Übernachten zu bieten. Denn vor vierhundert Jahren, als diese Häuser gebaut wurden, mussten die Menschen mehrmals im Monat die Messe besuchen. Wie oft sie zur Kirche gingen, hing davon ab, wie weit entfernt sie vom Kirchengebäude wohnten. Die Häuser, die zum UNESCO-Welterbe gehören, sind um eine mittelalterliche Steinkirche gruppiert. Welch eine böse Zeit, in der sich die Kirche anmaßte, Menschen zum Glauben und zum Kirchgang zu zwingen, dachten sich einige der Freunde. Denn diese Haltung steht im direkten Widerspruch zum Geist des Neuen Testamentes und ist nur aus einem Streben nach Macht und wirtschaftlichem Vorteil, der der Kirche zugutekam, zu verstehen.

Renate, Erwin, Peter und Herbert verzichteten auf den Besuch der Kirche, die aus behauenen Steinen errichtet worden war. Schon wieder eine Kirche, meinte Erwin, ich kann nicht verstehen, warum es die Leute immer wieder in eine Kirche zieht. Ich auch nicht, meinte Peter. Natürlich gibt es viele schöne Kirchen, fuhr er fort, aber es gibt auch viele andere schöne Gebäude. Um nicht missverstanden zu werden, ich habe kein Problem, wenn ich Eintritt zahlen muss, meinte er bestimmt, denn diese Gebäude müssen ja auch erhalten werden. Da meinte ein Mitreisender, der zu den Freunden trat: Lehrt nicht der Katholische Katechismus, dass die Kirche ein Ort des Gebets und eine Stätte ist, wo die Eucharistie gefeiert wird? Und im Tabernakel, dem Aufbewahrungsschränkchen für die zum Leib Christi gewordenen Hostien, da wohnt Gott. Peter und auch Erwin blickten fragend zu Herbert, ob denn dieser eine Antwort auf diese Äußerung habe. Und die hatte er, denn er antwortete sofort: Kann schon sein, dass dies der Katechismus lehrt, aber diese Vorstellung ist im Lichte des Neuen Testaments grundlegend falsch und keinesfalls korrekt. Während er diese Worte sprach, holte er neuerlich seine kleine Bibel aus dem Rucksack und schlug die Verteidigungsrede des Stephanus, über die der Evangelist Lukas in der Apostelgeschichte berichtet, auf. Denn Stephanus war vorgeworfen worden, unredlich über den Tempel in Jerusalem, dem geistlichen Zentrum der Juden, gesprochen zu haben. Er antwortete seinen zahlreichen Anklägern, die ihn schlussendlich zu einem Märtyrer machten, schlagfertig in der Kraft des Heiligen Geistes:

Wohnt denn der Höchste in einem Haus,
das von Menschenhand erbaut ist?
Niemals, denn beim Propheten Jesaja heißt es (66:1,2):
Der Himmel ist mein Thron und die Erde mein Fußschemel.
Was für ein Haus wollt ihr mir da bauen, sagt der Herr.
Wo wollt ihr einen Ort finden, an dem ich wohnen könnte?
Hat meine Hand nicht das ganze Weltall erschaffen.

Ich denke, dieser Abschnitt spricht für sich, sagte Herbert mit Nachdruck. Ohne ein Wort zu sagen verließ der Mitreisende die Gruppe und ging zum Bus. Die Freunde waren sich sicher, dass es heute Abend wieder ein interessantes Gespräch nach dem Essen geben würde. Und so war es auch.

Je weiter es Richtung Finnland ging, desto karger wurde die Vegetation. Mischwälder wurden von Krüppelbirken und Moosen abgelöst, öfter zeigten sich Rentiere auf den Straßen und die Entfernungen zwischen den Ortschaften wurden immer größer. Keine Gegend, wo man wohnen möchte, dachten sich die meisten der Freunde und auch die übrigen Mitreisenden. Christine und Monika brachten dies auch deutlich zum Ausdruck. Der Bus fuhr auf schnurgeraden Straßen, bis er zu einem sieben Kilometer langen Tunnel, der zweihundertzwanzig Meter unter dem Meer lag, kam. Nachdem er diesen passiert hatte, blieb der Bus für rund zwanzig Minuten stehen. Die Reiseleiterin lud alle zu einem Spaziergang ein. Danach bereitete Martina sie auf das nächste Ziel, das Dorf des Weihnachtsmannes mit seinem Sonderpostamt, vor. Hier konnten die Reisenden schon jetzt einen Weihnachtsbrief an ihre Verwandten und Freunde aufgeben, der dann kurz vor Weihnachten vom ‚Weihnachtsmann' selbst zugestellt wurde. Natürlich lockten auch viele Souvenirläden mit ihren ‚Staubfängern' zum Geldausgeben.

Das ist etwas für kindlichere Gemüter, dachte Herbert und setzte sich in ein Restaurant, um mit einem Rentierburger und einer Cola seinen Hunger zu stillen. Hier auf dem Gebiet des Weihnachtsmannes kreuzten die Reisenden zum ersten Mal den nördlichen Polarkreis bei sechsundsechzig Grad und dreiunddreißig Minuten Nord. Dies musste natürlich auf unzähligen Bildern festgehalten werden. Nachdem ausgiebig eingekauft und die finnische Wirtschaft belebt worden war, ging es weiter Richtung Nordkap. Die Reise dorthin führte durch die letzte Wildnis Europas, vorbei am Inari-See, der den Samen, die man früher Lappen nannte, als heilig gilt. Auch so hoch im Norden, im Land der Rentiere und der Mitternachtssonne, hatte die Sprachpolizei zugeschlagen, dachte Birgit. Diese karge und weitgehend menschenleere Gegend hinterließ bei allen Reisenden einen bleibenden Eindruck. Ausführlich erzählte die Reiseleiterin über den Bau einer Straße, die im Jahr 1940 von den Deutschen, deren Wehrmacht Norwegen angegriffen und besetzt hatte, mit rund dreißigtausend Kriegsgefangenen begonnen wurde. Deshalb nennt man diese Linie auch den Blutweg. Denn Hitler wollte Russland auch von Murmansk, einem das ganze Jahr über eisfreien Hafen, angreifen. Da der Bau einer Bahnlinie sich als logistisch unmöglich herausgestellt hatte – denn man hatte den Bau der Bahn an siebzehn verschiedenen Stellen gleichzeitig begonnen – wurde nun dieses Straßenprojekt in Angriff genommen. Da zeigte es sich wieder einmal deutlich, dass die Pläne von wahnsinnigen Diktatoren oft nicht zu verwirklichen sind, sondern nur unsagbares Leid hervorrufen.

Das Nordkap ist zwar nicht der nördlichste Teil des europäischen Festlandes, aber es liegt nur 2100 Kilometer vom Nordpol entfernt. Hier kann man im Sommer – und es war ja gerade Anfang Juli – erleben, dass die Sonne nicht untergeht. Und die Nordlandfahrer hatten Glück. Zur vorgerückten Stunde hatten sich die Wolken verzogen und es schien die Sonne, auch wenn ein heftiger Wind über das Plateau, auf dem die Nordkaphalle erbaut worden war, wehte. Bevor Christine und Herbert ins

Freie gingen, besichtigten sie das in der Halle befindliche Museum und sahen sich im Kinosaal einen Film über das Nordkap an. In diesem konnte man auch die berühmten Nordlichter, die allerdings dort im Frühjahr zu bestaunen sind, sehen. Der Aufenthalt im Freien endete aber bald, da der heftige Wind sie ins Innere trieb. Das Paar suchte sich dort einen Platz in der Halle und betrachtete das Naturschauspiel von ihren Sesseln aus. Sowohl das Plateau im Freien als auch die Halle waren voll mit staunenden Menschen, die unheimlich viele Bilder mit ihren Kameras und Handys schossen und die dann sicherlich zu Hause nicht zu bremsen waren, von diesem einzigartigen Naturschauspiel zu berichten.

Nachdem sie das Nordkap verlassen hatten, ging es entlang der Küste an unzähligen Fjorden vorbei, die teilweise für die Fischzucht genutzt werden. Auf der einen Seite der Straße betrachteten die Reisenden das Meer und auf der anderen gigantische Schieferformationen, die wie die aufgeblätterten Seiten eines Buches aussahen. Übernachtet wurde in der Stadt Alta, wo sie eine Kirche sahen, die nach Herberts Meinung einem aufgetauchten U-Boot glich. Von dort aus ging es weiter nach Tromsö. Auf dem Weg dorthin, so erklärte die Reiseleiterin, fuhr man an einer Menge Kraftwerken vorbei, von denen man aber lediglich die Staumauern sehen konnte. Denn alle notwendigen Gebäude mit ihrer Ausrüstung waren in die Berge versteckt gebaut worden. Das Wasser für die Kraftwerke kommt von den großen Schneefeldern aus den Bergen entlang der Küste. In dieser Gegend wurde im Zweiten Weltkrieg das deutsche Schlachtschiff Tirpitz von britischen Mini-U-Booten schwer beschädigt. Nach einer Reparatur des Schiffes gab ein heftiges Bombardement diesem Stolz der deutschen Kriegsmarine später den Rest.

Der Bus fuhr weiter Richtung Narvik, einem das ganze Jahr eisfreien Hafen. Das nächste Ziel der Reisegruppe war Tromsö. Dort besichtigte die Reisegruppe als Erstes die Eismeerkathedrale, die schon rein äußerlich für künstlerische Spannung sorgte. Und die wunderbaren Glasmosaike im Inneren waren eine herrliche Ergänzung zu dem Gesamteindruck der Kathedrale. Sogar Peter meinte, dass diese Kirche den Besuch wert war. Dieser Aussage stimmten auch Renate, Christine und Monika zu. Die Handys der drei Frauen kamen nicht zur Ruhe, denn aus allen möglichen Perspektiven musste das Innere des Gebäudes fotografiert werden. Ob sie sich jemals diese Unzahl an Bildern ansehen werden, bleibt dahingestellt, meinte Bernhard, der sich damit einen strafenden Blick seiner Frau einfing. Nach der Besichtigung der Kathedrale brachte sie Hermann mit dem Reisebus in die Nähe der Universität, von wo aus die Gruppe zum botanischen Garten aufbrach. Eine gute Stunde besichtigten unsere Freunde, die jetzt einmal nur unter sich waren, die wunderschönen Pflanzen. Die Bäume, Sträucher und Blumen stammten aus den verschiedensten Gegenden und Klimazonen der Erde und erfreuten das Herz der Besucher.

Am späten Nachmittag fuhr die Reisegruppe – natürlich nur wer wollte – auf den Hausberg von Tromsö, den rund 420 Meter hohen Storsteinen. Herbert hatte sich mehrmals erkundigt, ob sie wirklich von einer Gondel nach oben gebracht würden, denn einem Sessellift hätte er sich nicht anvertraut. Von der Bergstation aus hätte man zur richtigen Jahreszeit die Nordlichter sehen können. Aber auch jetzt im Juli war der Blick auf die darunter liegende Stadt und in das Umland atemberaubend. Peter, Erwin und Herbert zogen es vor, vom großen Fenster eines Kaffees in das weite Land zu schauen. Nach eineinhalb Stunden ging es wieder bergab und zum nächsten Hotel. Die umfangreichen Buffets waren schon zur Routine geworden, nur die hohen Weinpreise schockten die Gäste immer wieder aufs Neue. Denn zwischen zehn und zwölf Euro kostete im Hotel ein Achtel Wein.

Am nächsten Tag ging es wieder entlang karger Täler, schroffer Gebirge und ausgedehnter Wasserlandschaften stetig auf die Lofoten zu. Die Fahrt führte über eine traumhafte Inselkette und brachte sie zu kleinen Fischerdörfern, von denen aus man die bizarr ansteigenden Felsen erblicken konnte. Dieser Teil des Landes ist auch für seine weißen Sandstrände, die bei Ebbe sichtbar werden, bekannt. Die Strände werden von vielen Einheimischen und Touristen gerne besucht. Dies sah man daran, dass eine Menge Wohnmobile und Wohnwagen entlang dieser Strände abgestellt waren. Denn in Skandinavien ist es durchaus erlaubt, sein fahrbares Zuhause irgendwo abzustellen, sofern man niemanden dadurch behindert und den Platz wieder sauber verlässt. Eine weitere Augenweide waren die bunten Holzhäuser, die das Auge erfreuten. Um Svolvaer begann sich das Lofotengebirge blau zu färben. Die Gegend sah aus wie eine einzige tiefblaue Mauer, auf die tausend Türme gebaut worden waren. Entlang der Küste sah man vielerorts die großen hölzernen Gerüste, die zum Trocknen der Stockfische errichtet worden waren. War man im Freien, so roch es in der Nähe dieser Trockengerüste immer leicht nach Fisch.

Auf der Lofoteninsel Vestvagoy besuchten die Freunde das Wikingermuseum in Borg. Dieser Platz war ein Häuptlingssitz der Wikinger gewesen, von dem man bei Ausgrabungen die Reste eines Langhauses aus der Zeit dieser kriegerischen Seeleute gefunden hatte. Das Museum besteht aus der Eingangshalle, dem originalgetreuen Nachbau eines Langhauses und einem Freigelände. In der Eingangshalle gab es Informationstafeln zur Geschichte der archäologischen Funde. In einem Raum lief gerade ein Film über das Leben in der Wikingerzeit. Obwohl die verfilmte Geschichte nicht sehr spannend war, beeindruckte die Machart des Streifens, der genauso künstlerisch wertvoll war wie die Filme der 'Herr der Ringe'-Trilogie. Denn daran erinnerte er Herbert. Das Langhaus, das sie über einen Kiesweg erreichten, war achtzig Meter lang und zehn Meter breit. Sie besichtigten den Bankettsaal, in dem auf Wikingerart in einem Eisenkessel über offenem Feuer gekocht wurde. Danach gingen die Freunde zu den Wohnräumen, in denen Schmuck und Gebrauchsgegenstände ausgestellt waren. Weiterhin sahen sie beim Spinnen und Weben zu, und abschließend besuchten sie noch eine Vorführung zur Herstellung von Schuhen.

Auf den Lofoten herrscht durch den Golfstrom ein milderes Klima, was deutlich an der Vegetation sichtbar war. Das üppige Grün war nach den kargen Landschaften der vergangenen Tage Balsam für die Seele. Die Inselgruppe der Lofoten ist das westlichste Archipel im Nordmeer nördlich des Polarkreises. Hier kreuzte die Reisegruppe zum zweiten Mal den Polarkreis. Bei einem Halt sahen sie in einem Fluss einen Lachssteig. Denn die Lachse laichen im Süßwasser und die Jungtiere ziehen dann für sieben Jahre ins Salzwasser. Danach geht es zurück ins Süßwasser, um dort wieder zu laichen. Die Tiere sind am Ende ihrer Reise total erschöpft und haben sich oft an den schroffen Felsen und Steinen Verletzungen zugezogen. Natürlich sahen unsere Freunde auf ihrer Fahrt, die sich langsam Richtung Oslo zubewegte, auch viele Fischfarmen, in denen Lachse, Dorsche und auch Meeresfrüchte gezüchtet wurden.

Schon wurden Stimmen im Bus laut, dass eine solche Anzucht nicht richtig sei, da man viel Antibiotika brauche, um Krankheiten vorzubeugen. Da bat Bernhard die Reiseleiterin um das Mikrofon und berichtete der Reisegruppe von einer Reportage über die norwegische Lachszucht im Fernsehen: Ich habe in dem Film gesehen, so begann er, dass die Krankheiten nicht mehr durch die Beigabe von Antibiotika bekämpft werden, sondern, dass die Lachse, um die es in diesem Bericht ging, neuerdings geimpft werden. Dieses neuartige Verfahren ist zwar aufwendiger und dadurch teurer, erzählte Bernhard weiter. Aber die Akzeptanz der Kunden für Fische aus Aquakultur steigt dadurch, beendete er seine Ausführung. Entlang der Straße Richtung Trondheim sahen die Reisenden zum ersten Mal wieder Mischwälder und nach der langen Reise konnten unsere Freunde auch Getreidefelder erblicken. Auch Kühe sahen sie wieder auf saftigen Weiden grasen. Kontinuierlich führte die Straße bergab, bis sie wieder am Meer waren.

In der Ferne sahen sie eine Fabrik, die direkt ans Meer gebaut war. Als die Reiseleiterin erklärte, dass diese Werftanlagen der

Herstellung von Öl- und Gasbohrinseln dienen, meldeten sich wieder einige der grün angehauchten Reisenden mit unqualifizierten Äußerungen. Trondheim, das sie am späten Nachmittag erreichten, ist die Krönungsstadt der norwegischen Könige und die drittgrößte Stadt dieses Landes. Sie gilt als *die* Technologiehauptstadt Norwegens. Natürlich besuchte die Reisegruppe zuerst den Nidarosdom, eine gotische Kathedrale aus dem 13. Jahrhundert. Für eine Führung war es leider schon zu spät, denn die Kirche schloss um achtzehn Uhr und als die Reisegruppe dort ankam, war es bereits achtzehn Uhr dreißig. Nachdem man den Dom von außen betrachtet hatte, führte die Reiseleiterin die Gruppe zu einem Fahrradlift, der einzigartig auf der Welt sein soll. Dieser bringt die Radfahrer samt Rad von der Altstadt über einen steilen Hang hinauf auf eine Anhöhe, von der man dann rasch bergab radeln kann.

Die Freunde schenkten dieser Attraktion wenig Beachtung, vielmehr bestaunten sie die bunten Häuser am Wasser. Diese dienten vor längerer Zeit zur Lagerung von Gütern, die auf dem Meer hierher transportiert worden waren. Denn nur in diesen Häusern durften die Waren aufbewahrt werden. Durch diese Monopolstellung waren viele Menschen reich geworden, was sich auch an den zahlreichen Villen in dieser Stadt zeigte. Da die Stadtführung rund zwei Stunden gedauert hatte, kam man müde ins Hotel und wartete schon sehnlichst auf das Abendessen. Das Buffet war wieder ausgezeichnet, vielfältig und reichlich. Am Abend war die Reisegruppe immer sehr hungrig, da man den ganzen Tag wenig Gelegenheit zum Essen bekam. Versorgen konnte man sich lediglich in Tankstellenshops und Supermärkten. Wie schon in den letzten Tagen, gab es nach dem Abendessen kaum noch Gesprächsrunden, da alle sehr müde waren. Lediglich einige Reisegäste, in erster Linie Frauen, nutzten den späten Abend noch zum Einkaufen.

Entlang von dichten Wäldern und rauschenden Flüssen ging die Fahrt am nächsten Tag Richtung Oslo. Der Weg in die Hauptstadt wird auch Königsstraße genannt. Die saftig grünen Wiesen wurden für die Schafzucht genutzt. Das Weideland wurde von Flecken von Islandmoos durchbrochen. In dieser Gegend waren auch Moschusochsen angesiedelt worden, deren Herden man in speziellen Führungen bestaunen kann. In Ringebu besuchte die Gruppe eine romanische Stabkirche. Diese gehörte zu den größten noch erhaltenen Bauwerken dieser Art. Die Kirche wurde um das Jahr 1220 errichtet und wird heute noch für Gottesdienste genutzt. Solche Stabkirchen wurden auf einem viereckigen Holzrahmen errichtet, der auf einen Steinsockel zum Schutz vor Wasserschäden aufgesetzt wurde. Ihre gesamte Konstruktion besteht aus senkrechten Holzpfählen, auf denen das gesamte Gewicht der Decke lastet. Stabkirchen gehören zu den ältesten Kirchenbauwerken Skandinaviens und ihre Bauweise ist an heidnische Tempel angelehnt. Diesmal verzichteten die Freunde und vor allem Herbert auf irgendwelche Bemerkungen über Kirchen. Denn irgendwie war die Gruppe der Freunde den anderen Mitreisenden fremd geworden, was dazu führte, dass sie fast nur noch Kontakt untereinander hatten.

Mehr Interesse als die Stabkirche weckte bei den Reisenden die Fahrt nach Lillehammer, wo 1994 die Olympischen Winterspiele ausgetragen worden waren. Dies wurde im Norwegischen Olympischen Museum ausführlich dokumentiert. Den Besuch der Skisprungschanze und der Bob- und Rodelbahn kommentierten einige der Reisenden mit lauten Ausrufen des Staunens. Auch einige der Freunde konnten sich an den Sportstätten nicht sattsehen. Der Großteil von ihnen wäre aber lieber in das Freilichtmuseum in Maihaugen gefahren. Dort wären Bauwerke, die zwischen dem 13. Jahrhundert und heute erbaut worden waren, zu sehen gewesen. Im Eiltempo ging es dann Richtung Oslo. Da der Heimflug aus technischen Gründen der Fluggesellschaft um einen halben Tag vorverlegt worden war, blieb für die Stadtführung in der Hauptstadt Norwegens nicht mehr so viel Zeit wie ursprünglich geplant. Im Hotel ging es sofort zum Abendessen, das rasch eingenommen werden sollte. Dies passte vor allem Herbert nicht, der immer gerne in Ruhe aß. Zeit für Gespräche gab es natürlich auch keine.

Auch sonst war Herbert auf der ganzen Reise zu keinem Gespräch mit Einheimischen gekommen. Gerade diese liebte er aber auf Reisen besonders, um sich ein authentisches Bild von dem Land, in dem er sich gerade befand, machen zu können. Denn die Reiseführer und auch die örtlichen Prospekte geben oft nicht die Wirklichkeit wieder. Aber sowohl in Schweden als auch in Norwegen waren die Menschen zwar sehr höflich gewesen, wollten aber keinen persönlichen Kontakt mit Fremden. Die erste Sehenswürdigkeit, die man vom Bus aus betrachten konnte, war das Wikingermuseum, das am Eingang zum Oslofjord liegt. Danach ging es vorbei an vielen Grünanlagen und Museen zum Karl Johans Gate. Es gab natürlich auch viele Kirchen in der Hauptstadt, welche die Reisenden aber nur vom Bus aus betrachten konnten. Zum Abschluss der Stadtführung ging es zum Vigeland-Skulpturenpark. Hier stieg die Reisegruppe zum ersten Mal aus dem Bus. Dieser Park ist das Lebenswerk des norwegischen Bildhauers Gustav Vigeland, der von 1869 bis 1943 lebte. Im Skulpturenpark konnte die Reisegruppe 212 Stein- und Bronzeskulpturen bestaunen.

All diese Skulpturen im Frognerpark sind naturalistische Werke, die als Leitmotiv den Lebenszyklus des Menschen haben. Besonders imposant waren die Bronzefigur ‚Der kleine Trotzkopf‘, die ein zorniges, mit dem Fuß aufstampfendes Kind zeigte und der ‚Monolitten‘. Dieser war eine siebzehn Meter hohe Säule aus Granit, die mit ihren 121 steinernen Figuren das Leben eines Menschen von seiner embryonalen Phase bis zum Tod darstellte. Diese Säule ist wie eine steinerne Ode an das Leben. Vigeland gestaltete in seinem zwanzigjährigen Schaffen an diesem Ort zu seinen wunderbaren Kunstwerken auch gleich den Park mit, bis er im Jahr 1943 verstarb. Zu schnell verging die eine Stunde in dem Park, der bei freiem Eintritt für alle zugänglich ist. Wehmütig machte sich die Reisegruppe zum Hotel auf. Dies war mehr oder weniger das Ende einer fast zweiwöchigen Reise. Nach einem viel zu zeitigen Frühstück brachte der Bus die Reisenden zum Flughafen Oslo-Gardermoen. Auf der Fahrt dorthin meinte Herberts Sitznachbar, der durch den Mittelgang von ihm getrennt war und mit dem er die ganze Reise lang Small Talk geführt hatte, was ihn denn zu Hause erwarte. Denn für ein intensiveres und persönlicheres Gespräch hatte es leider nie gereicht. Bevor man sich beim Busfahrer mit einem kleinen Obolus für die schöne und sichere Fahrt bedankte, sagte Herbert zu seinem Nachbarn, von dem er nicht einmal den Namen wusste:

Etwas Besonderes erwartet mich zu Hause nicht, aber summa summarum komme ich in ein schönes Land zurück, in dem ich mich wohlfühle, in dem ich frei meine Meinung äußern kann, und das mir auch in meiner Pension die wirtschaftliche Grundlage schenkt, mein Leben so zu führen, wie ich es mir vorstelle. Leider verschlechtert sich die gesellschaftliche Lage zusehends. Nicht nur, dass mir immer mehr vorgeschrieben wird, wie ich zu reden und zu denken habe, sondern von gewissen Kreisen wird auch immer mehr Druck ausgeübt, was ich essen oder besser nicht essen soll. Dies macht zum Beispiel auch vor der Werbung nicht halt. Zudem wird mein Gewissen immer mehr mit falschen Vorstellungen von weltfremden Träumern, vor allem aus der linken und grünen Ecke, belastet. Leider scheint auch das Wort *normal* in unserer Gesellschaft für manche ein Signal zu sein, um zur Faschismuskeule zu greifen. Was an diesem Wort *normal* anrüchig ist, verstehe ich nicht, meinte Herbert. Vielleicht ist solch ein Wort für solche Menschen nicht tragbar, die nicht nor ... Da drehte sich Bernhard, der vor Herbert saß, ruckartig um und sagte zu ihm: Vielleicht ist es besser, wenn du nicht weiterredest, du könntest dich sonst noch in Teufels Küche bringen.

Was mich in meiner Stadt erwartet, setzte Herbert seine Betrachtung fort, kann ich ebenso mit einer guten und schlechten Nachricht beschreiben. Das kulturelle und medizinische Angebot in meiner Heimatstadt möchte ich als besonders gut hervorheben. Auch die kulinarische Versorgung lässt nichts zu wünschen übrig. Aber unser Bürgermeister meint, dass er besonders viele ausländische Menschen ansiedeln muss, um die Einwohnerzahl der Stadt zu erhöhen. Da bleiben dann gewaltsame Konfrontationen zwischen Vertretern verschiedener Volksgruppen nicht aus. Erst neulich gab es wieder eine Messerstecherei, sagte Herbert. Und wenn man die vielen fremdländischen Menschen in manchen Stadtvierteln betrachtet, dann könnte man der Meinung sein, dass diese sich als Statisten für eine Neuverfilmung der ‚Märchen aus 1001 Nacht' bewerben wollen. Für diese ist natürlich Integration ein Fremdwort – *nix verstehn sozusagen*. Aber diese Entwicklung gibt es leider in vielen größeren europäischen Städten, brachte Herbert seine Rede auf den Punkt. Abschließend verwies er noch auf die Aussage des Stadtoberhauptes zu den Klimaterroristen, die den Verkehr zwei Tage hintereinander in der Hauptstadt gestört hatten. Dazu meinte der Bürgermeister (Mein Bezirk vom 28.08.2023), dass der öffentliche Verkehrsraum allen Bürgern gleichermaßen zur Verfügung stehe. Dies zu kommentieren, erübrigt sich, meinte Peter. Außer, dass es Fußgängern verboten ist, sich auf der Autobahn aufzuhalten. Er brachte sich zum Schluss noch in das Gespräch ein und verwies, unter Bezugnahme auf das vorhergehende Thema, noch auf ein Buch von Friedrich Orter mit dem Titel ‚Aufwachen', in dem dieser vor den negativen Entwicklungen wie Parallelgesellschaften, politischer Radikalisierung und einem Abendland Allahs warnte. Weiterhin stellte dieser darin die These auf, dass das Projekt Multikulti samt Gutmenschentum zum Scheitern verurteilt sei. Daher die Warnung ‚Aufwachen!' Kurz darauf erreichte der Bus den Flughafen, von wo es nach vielen wunderschönen Eindrücken wieder zurück nach Österreich ging.

Der Gast

Nach nur wenigen Wochen standen sie erneut in der Ankunftshalle des Flughafens Wien-Schwechat: Birgit, Renate, Herbert und auch Peter hatten es sich nicht nehmen lassen, auf Isabels Ankunft zu warten. Diese hatte ihre Ankunft für zehn Uhr zwanzig vormittags angekündigt. Pünktlich landete das Flugzeug und die Passagiere strömten in die Halle. Isabel hatte es nicht so leicht wie die EU-Bürger, in das Land einzureisen. Die Formalitäten dauerten bei ihr etwas länger und auch der Zoll kontrollierte genauer. Daher verspätete sie sich etwas am Förderband, wo die Koffer auf die Passagiere warteten. Endlich konnte sie ihre beiden kleinen Gepäckstücke in Empfang nehmen. Sie hatte eine winzige britische Fahne auf einen der beiden Koffer gesteckt. Herbert erwartete keine hübsche Frau, denn er war immer der Meinung gewesen, dass es in Großbritannien keine schönen Frauen gab. Aber er wurde eines Besseren belehrt. Er nickte Peter zu und dieser erwiderte das Nicken, um anzudeuten, dass auch ihm Isabel gefiel. Diese war schlicht gekleidet und trug ihre Haare halb lang. Sie war nicht aufgetakelt oder aufgebrezelt, wie man in Bayern sagt, was in Herberts Augen für sie sprach. Birgit und Renate umarmten den Gast, die Männer gaben ihr die Hand.

Ohne viel Worte zu verlieren, denn im Grunde konnten sich ohnehin nur Birgit und Herbert mit ihr gut verständigen, gingen sie zum Parkplatz und verließen diesen so schnell wie möglich. Sie fuhren direkt zu Herberts Wohnung, wo Christine bereits einen kleinen Imbiss und einen Umtrunk aus Erwins Weinkeller vorbereitet hatte. Aber dort blieben sie nicht lange, denn bald fuhren Birgit und Isabel zum Haus der Mühlbergers. Nach ungefähr zehn Minuten und etwas weiter nördlich, erwartete sie Bernhard Mühlberger mit einem herzlichen ‚Welcome'. Birgit führte Isabel in den ersten Stock des Reihenhauses und zeigte ihr das Zimmer für die nächsten drei Wochen. So lange hatte sie vor, in Österreich zu bleiben. Im oberen Stockwerk hatte sie auch ihre eigene Toilette und Dusche mit Waschbecken. Isabel stellte die beiden Koffer, die Bernhard inzwischen hinaufgebracht hatte, in das Zimmer, machte sich frisch und zog sich um.

Ausflüge in die Umgebung

Bernhard, ein begeisterter Hobbykoch, hatte bereits am Vormittag ein Irish Stew vorbereitet. Während sich Isabel frisch machte, hatte Birgit den Tisch gedeckt und einem gemeinsamen Mittagessen stand nun nichts mehr im Wege. Zum Stew gab es getoastetes Weißbrot und als Nachtisch einen Apfelkuchen. Danach unterhielten sich die drei, wobei sich Bernhard mit seinen Englischkenntnissen etwas schwertat. Isabel hatte inzwischen wirklich ein wenig Deutsch gelernt, aber für ein Gespräch reichte ihr Wortschatz natürlich noch nicht aus. Sie ersuchte die beiden, sie langsam in die deutsche Sprache einzuführen, was Birgit als ehemalige Lehrerin mit Freuden zu tun versprach. Etwas später ging der Gast auf sein Zimmer im Obergeschoss, packte die Koffer aus und entspannte sich von der Reise. Nach dem späten Abendessen ging Isabel bald schlafen. Schon für den nächsten Tag hatten Birgit und ihr Mann einen Ausflug nach Krems an der Donau geplant. Einen Zwischenstopp wollten sie in Göttweig machen, um das dortige Stift zu besuchen. Als Birgit den kommenden Ausflug bereits in Gedanken plante, erinnerte sie sich an eine Episode, die sie und Bernhard vor einigen Jahren mit einem anderen Gast erlebt hatten, als sie an einem Rundgang mit Führung durch das Stift teilnahmen. Die junge Führerin hatte ihre Sache sehr gut gemacht – bis, bis ... sie kurz vor dem Ende der Führung die Geschichte des Stiftes noch einmal kurz zusammenfasste. Sie meinte damals, dass nach den Übeln des Mittelalters wieder Ruhe in das Leben der Region eingekehrt war. Explizit nannte sie die Pest, die Türkenkriege und die Reformation.

Birgit überdachte diese Aussage zuerst kurz, dann aber ging sie erbost zu der Führerin hin und erklärte ihr lautstark vor allen Teilnehmern des Rundgangs, dass nicht die Reformation, sondern die Gegenreformation das große Übel und ein Verbrechen war. Denn diese brachte unzähliges Leid über die Menschen, die nach dem Wort Gottes leben wollten und bedeutete zusätzlich eine Unterdrückung der Wahrheit. Die junge Frau war total perplex, beendete sofort ihre Ausführungen und verschwand, ohne auf das übliche Trinkgeld zu warten. Als sie diese Geschichte Herbert erzählt hatte, meinte dieser nur, dass sie sich darüber keine Gedanken machen sollte, denn sie hätte vollkommen richtig gehandelt. Er hätte es vielleicht anders gehandhabt, meinte er, denn er hätte die Führerin auf geschichtliches Glatteis geführt und gewartet, dass sie darauf ausrutscht. Das wäre vielleicht noch wirkungsvoller gewesen, bemerkte er damals. Denn Herbert war sich sicher, dass die junge Frau keine Ahnung von der Geschichte der reformatorischen Bewegungen gehabt hatte und er das mit seinen Fragen schamlos ausgenützt hätte. Denn als Christen brauchen wir keine Diplomaten zu sein, sondern sollten wie prophetische Verkünder der Wahrheit handeln. Jesus Christus selbst machte aus seinen Nachfolgern keine nette, fromme Schauspieltruppe, sondern freie und authentische Menschen mit Rückgrat – das war seine feste Meinung.

Bei ihrem Rundgang durch das Stift am Vormittag des nächsten Tages gab es keine besonderen Vorkommnisse. Isabel, Birgit und Bernhard brauchten rund zwei Stunden, um die geöffneten Räume des Stifts zu bestaunen. Diesmal aßen sie im Stiftsrestaurant, das Birgit bei ihrem letzten Besuch aufs Strikteste abgelehnt hatte. Vor vier Jahren, so lange lag dieses Erlebnis mit der unqualifizierten Äußerung der Führerin schon wieder zurück, musste sie einfach so handeln. Aber darüber sprachen sie nicht beim Mittagessen. Isabel, deren Kindheits- und Jugenderinnerungen beim Rundgang durch das Stift wieder wach geworden waren, erzählte, dass sie von ihren Eltern mit fünf Jahren in eine Klosterschule gebracht worden war, wo sie bis zum achtzehnten Lebensjahr unterrichtet wurde. Ab dem zehnten Lebensjahr musste sie dann in das Internat der Schule und durfte nur in den Ferien und während der gesamten Schulzeit nur einmal im Monat nach Hause zu ihren Eltern. Ob diese wussten, was sie der jungen Seele antaten, hatte sie nie erfahren, obwohl sie Vater und Mutter oft danach gefragt hatte.

Natürlich litt sie als Jugendliche unter dem psychologischen Druck und der gewaltigen Beeinflussung durch das Lehrpersonal und den sogenannten Geistlichen in Schule und Internat. Nicht nur der Unterricht, sondern auch die Freizeit war dermaßen von einem religiösen Programm bestimmt gewesen, dass eine freie Entwicklung ihrer jungen Persönlichkeit beinahe unmöglich gemacht wurde. Hätte ich gewusst wohin, ich wäre sicher damals mehrmals aus dem Internat geflohen, schloss sie ihre Erzählung, die sich mehr wie ein Hilfeschrei anhörte. Birgit und Herbert wurde bei Isabels Erzählung schwer ums Herz und sie wussten beide nicht, wie sie sie trösten konnten. Denn dass ihr Gast aus England unter ihrer Jugendzeit litt, war unverkennbar.

Spontan dachte das Paar an seine eigene Jugendzeit und an die Freiräume, die ihnen ihre Eltern auf dem Weg zum Erwachsenwerden zugestanden hatten. Natürlich hatten auch sie als verantwortungsvolle Eltern ihren Kindern Grenzen gesetzt, die sie in ihrer Phase der Entwicklung schützten und vor manchem Übel bewahrten. Aber es war keine Erziehung, die unter Gehirnwäsche stattfand. Birgit bestellte noch eine Nachspeise für sich, Isabel und Bernhard brachten beim besten Willen kein Essen mehr hinunter. Beide orderten lediglich einen Espresso zum Nachtisch. Die beiden neuen Freunde wollten mit dieser Bestellung Isabel noch weitere Zeit geben, um sich ihre wieder aufgeflammten Nöte von der Seele zu reden. Aber ihr Gast wollte sich nicht weiter öffnen. Birgit und Bernhard merkten trotzdem, dass das nicht alles war, was sie bedrückte. Obwohl beide vorsichtig versuchten, Isabel zu ermuntern, sich weiter zu öffnen, hatte sie dichtgemacht. Aber das Paar bedrängte den Gast nicht weiter und war sich sicher, dass das Gespräch über Isabels Vergangenheit noch nicht zu Ende war.

Nach dem Mittagessen fuhren die drei nach Krems. Dort verbrachten sie ebenfalls rund zwei Stunden in der Altstadt und nach dem Besuch der aussagekräftigen Exponate des Karikatur-Museums, die keine umfangreichen Erklärungen benötigten, setzten sie sich nahe der Schiffsanlegestelle auf eine Bank. Die drei unterhielten sich über Alltagsthemen und genossen die beruhigende Wirkung des fließenden Wassers der Donau. Am späteren Abend fuhren sie nach Hause, wo sie eine Kleinigkeit aßen. Birgit entschuldigte sich, dass der Lebensrhythmus des Paares, vor allem die Essenszeiten, nicht dem englischen Tagesablauf entsprachen. Isabel meinte dazu nur, dass ihr das überhaupt nichts ausmache und sie flexibel sei. Aber sie freue sich darüber, dass ihre Gastgeber so sensibel seien, darüber nachzudenken, beendete sie das Gespräch. Damit war diese Angelegenheit erledigt. Nach dem Abendessen ging Isabel auf ihr Zimmer, schrieb einige Zeilen in ihr Tagebuch und schickte eine Nachricht an eine Freundin nach Großbritannien. Diese kümmerte sich um die Pflanzen in Isabels Wohnung und um ihre Post. Danach ruhte sie sich ein wenig aus und kehrte um acht Uhr abends wieder ins Wohnzimmer zurück, wo sich bereits die silbergraue Katze auf dem Sofa breitgemacht hatte. Isabel und Puma waren bereits dicke Freunde geworden und abends durfte sie im Gästebett zu Füßen von Isabel schlafen. Birgit und Bernhard, die vorgehabt hatten, sich im Hauptabendprogramm einen Krimi anzusehen, verzichteten darauf, da sie sicher waren, dass Isabel weiter über ihre Jugend- und Schulzeit sprechen wollte.

Ein neuer Mensch

Und so war es auch. Isabel berichtete über die strengen Strafen im Internat und die Missbrauchsfälle, die dort herrschten. Aber alles wurde damals von den Verantwortlichen unter den Tisch gekehrt und den Schülern war unter Strafandrohung und religiösem Druck vom Schlimmsten verboten worden, gegenüber den Eltern und in der Öffentlichkeit darüber zu sprechen. Sie erzählte von einigen Vorfällen und bat ihre Gastgeber, nichts davon weiterzuerzählen. Da diese Ereignisse die Privatsphäre ihres englischen Gastes betrafen, sicherten sie ihr umgehend zu, mit niemandem darüber zu sprechen. Danach wechselten sie das Thema. Nach einer kurzen Pause fragte Isabel nun Birgit, ob sie Herberts Meinung, was denn den Unterschied zwischen christlicher Religion und einer persönlichen Beziehung zu Jesus ausmache, teile. Ich kenne seine Meinung dazu nicht genau, daher kann ich dir im Moment nicht antworten, meinte Birgit. Da zog Isabel einige Blätter Papier aus ihrer roten Handtasche und reichte sie ihrer Gastgeberin. Es waren Ausdrucke sämtlicher Antworten, die ihr Herbert geschickt hatte. Birgit überflog die Seiten und erkannte in der Beantwortung der Fragen, die Herbert an Isabel geschickt hatte, dass sie sich mit dem deckten, was sie über seine Einstellung zu gewissen Themen wusste. Ich sehe Herberts Ausführungen genauso, meinte Birgit abschließend und erklärte ergänzend, dass es zwischen einer Religion und der Beziehung zu einer Person, nämlich Jesus Christus, eine dünne, feine Linie, die man nicht überbrücken kann, gibt. Denn es waren die religiösen Führer im Volk Israel zur Zeit Jesu gewesen, die den Sohn Gottes ablehnten und den Menschen schwere religiöse Lasten aufbürdeten. Das ist Religion, meinte Birgit. Aber es war Jesus, der das Volk einlud, zu ihm zu kommen. *Ich will euch erquicken*, sagte er zu seinen Zuhörern, und euch frei machen von den Lasten, die jede Religion, auch die jüdische oder die christliche, mit sich bringt.

Denk einfach nach, setzte Birgit das tiefsinnige Gespräch nach einer kürzeren Pause fort, auf welcher Seite der unüberbrückbaren Linie du stehst. Isabel, wenn du bereit bist für eine persönliche Beziehung zu Christus, helfe ich dir dabei, sagte sie und gab ihr ein Evangelium zum Lesen. Ich bin noch nicht so weit, sagte der Gast und ging auf sein Zimmer im Obergeschoss. Puma lief hinterher. Als Isabel am Morgen die Treppe herunter- und ins Esszimmer kam, sah sie aus, als ob eine große Last von ihr gefallen wäre. Sie bezog sich auf das gestrige Gespräch und bat Birgit, ihr von ihrer persönlichen Beziehung zu Gott zu erzählen. Diese ging sehr einfühlsam und langsam bei ihrer Lebensgeschichte vor, bis sie von Isabel unterbrochen wurde. Ich muss dir von der heutigen Nacht erzählen, platzte sie heraus. Du hast mir ja gestern ein Johannesevangelium geschenkt, begann sie, und ich habe noch am späten Abend zu lesen begonnen. Da hatte ich das Gefühl, als ob noch eine andere Person im Zimmer gewesen wäre, und als ich den Vers *Ich bin der Weg, die Wahrheit und das Leben* las, da war mir klar, dass Jesus zu mir ‚gesprochen' hatte. Ich bitte dich, sagte sie bestimmt, bete mit mir, damit ich ihm mein Leben übergeben kann. Das taten die beiden dann auch. Besonders das ICH, das Personenhafte, hat mich deutlich angesprochen, es war so neu für mich, meinte Isabel. Ich danke dir so sehr, sagte Isabel am Schluss.

Warum wurde mir bis jetzt die Bibel, die Heilige Schrift, vorenthalten? Ich kenne sie bloß vom Hörensagen, in der Auslegung derer, die meinen, nur sie verstehen sie richtig, begann sie ihre Klage. Und im Internat, da hat man mir nur einen strengen, harten Gott gepredigt. Einen, der nur darauf aus ist, zu strafen, sagte Isabel ergänzend. Aber ich habe dann noch bis zwei Uhr morgens in dem Evangelium gelesen, aus dem mir ein mich liebender Gott entgegentrat. Neununddreißig Jahre hat man mich betrogen und ich hab mich betrügen lassen. Ich danke dir und

Herbert so sehr, sagte sie nochmals mit einem lächelnden Gesicht. Das war das Stichwort für Birgit, Herbert anzurufen. Auch Herbert war außer sich vor Freude. Da siehst du, sagte er zu der Hausherrin, nicht nur im Himmel ist große Freude über einen Menschen, der zu Gott findet, auch wir beide freuen uns riesig. Kann ich heute noch zu euch kommen?, fragte er mit freudiger Erwartung. Jederzeit, sagte Birgit und sie vereinbarten ein Treffen für den frühen Nachmittag. Als die vier dann bei Kaffee und Tee beisammensaßen, öffnete sich Isabel noch weiter über ihr bisheriges Leben. Sie erzählte nochmals von der unerfreulichen Zeit im Internat und ihrer gescheiterten Ehe. Und wie man sie dann in der Kirche gemieden hatte. Ich hab mich einfach nicht getraut, die Konsequenzen zu ziehen und auszutreten. So sehr hat man mir in der Jugend Angst gemacht, diesen ‚allein seligmachenden Verein' zu verlassen. Als Herbert dann wieder heimfuhr, meinte er, *bis bald und wir bleiben im Gespräch.* Nur, dass es ihm diesmal besonders wichtig war.

Als Herbert weg und Isabel auf ihr Zimmer gegangen war, unterhielten sich die Mühlbergers noch über die traurigen und deprimierenden Berichte ihres Gastes. Du, sagte Bernhard zu Birgit, während unseres Gespräches habe ich dauernd an einen Abschnitt aus dem Ringgedicht im Buch *Der Herr der Ringe* von J.R. R. Tolkien denken müssen. Für mich passt dieser genau zu Isabels Erzählungen:

> *Ein Ring, sie zu knechten,*
> *sie alle zu finden,*
> *ins Dunkel zu treiben*
> *und ewig zu binden.*
> *Im Lande Mordor,*
> *wo die Schatten drohn.*

Danach ging Bernhard in die Küche, um einige Toast Hawaii fürs Abendessen zu richten. Birgit dachte noch längere Zeit über die Worte ihres Mannes nach und erkannte, dass er gefühlsmäßig erkannt hatte, was auch die Vernunft über diesen Zusammenhang sagen würde. Auch wenn er die biblische Wahrheit über Gott noch nicht persönlich kannte, kam er oft mit seinen Erkenntnissen an die Wahrheiten des täglichen Lebens heran. In dieser Hinsicht ergänzte sich das Paar wunderbar. Denn Birgit war, wie auch Herbert, der mehr verstandesmäßige Typ. Rund fünf Minuten war Birgit in Gedanken versunken, erst dann begann sie den Tisch zu decken und holte danach eine Flasche Rotwein aus dem Keller. Der Wein war natürlich ein Geschenk von Erwin und von ihm selbst gekeltert. Kurz bevor die Toasts fertig waren, riefen sie Isabel, die dann umgehend zum Essen erschien. Dieses dauerte nicht allzu lange, denn alle waren an diesem so ereignisreichen Tag müde und wollten mit ihren Gedanken alleine sein.

Ein Missverständnis

Die nächsten drei Tage verliefen ohne besondere Vorkommnisse. Isabel hatte sich mit Herbert in Verbindung gesetzt und ihn gebeten, ihr die Kunstschätze der Hauptstadt von Niederösterreich zu zeigen. Er sagte sofort zu und sie vereinbarten eine kleine Stadtführung und einen Museumsbesuch für den nächsten Tag. Am frühen Vormittag kam sie mit dem Zug in die Landeshauptstadt, da weder Birgit noch Bernhard Zeit hatten, sie nach St. Pölten zu bringen. Herbert holte sie am Hauptbahnhof ab und gemeinsam fuhren sie mit dem Linienbus zum Haus der Geschichte, wo sie bis mittags blieben. Danach ging es mit der gleichen Buslinie wieder zurück zum Bahnhof. In seiner Nähe aßen sie kurz in einem kleinen italienischen Restaurant zu Mittag. Beide bestellten Waffeln mit Obst und Schokoladensauce sowie eine Cola light. Sie hielten sich dort nur kurz auf und gingen dann zu Fuß auf den Rathausplatz, wo Isabel die um den Platz gebauten barocken Häuser und Kirchen bestaunte. Auch die Pestsäule in der Mitte des Platzes war im barocken Stil erbaut worden.

Anschließend machten sie einen Abstecher zur Synagoge der Stadt, die aber kein Ort jüdischen Lebens mehr war. Diese war in der Zeit des Nationalsozialismus teilweise zerstört und nach dem Krieg von den russischen Besatzern als Getreidespeicher verwendet worden. Nach dem Abzug der Besatzungsmacht verfiel das zerstörte Gebäude immer mehr. Erst zwischen 1980 und 1984 wurde die Synagoge restauriert. Viele Wandmalereien wurden bei den Renovierungsarbeiten entdeckt und wiederhergestellt. Seit 1988 befindet sich in dem Gebäude *das Institut für jüdische Geschichte Österreichs* und es dient auch als Veranstaltungsort für viele kulturelle Anlässe. Neues jüdisches Leben konnte sich aber in St. Pölten nicht mehr etablieren. Bei ihrer

Besichtigung des Rathausplatzes hatte Isabel bemerkt, dass am Nachmittag im Cinema Paradiso, einem Kino der anderen Art, ein Film über den kanadischen Musiker Leonhard Cohen mit vielen Ausschnitten aus seinen Livekonzerten gezeigt wurde. Isabel fragte Herbert, ob er sich mit ihr den Film ansehen möchte. Er hatte genug Zeit, denn seine Lebensgefährtin Christine Bürger war in ihrem Haus in Mariazell und auch sonst hatte er nichts Dringliches zu erledigen. Der Titel des Films lautete *Leonhard and Marianne: Words of Love*. Er zeigte neben vielen Konzertausschnitten Cohens Geschichte mit seiner Muse, der Schriftstellerin Marianne Ihlen, aus Norwegen. Da auch Herbert die Musik von Leonhard Cohen von seiner Jugend an schätzte und sie ihm viele wehmütige Stunden in seinem jugendlichen Liebesleben bereitet hatte, sagte er zu. Sie mussten sich auf dem Rückweg von der Synagoge zum Kino beeilen, um noch zwei Karten für die noch spärlich vorhandenen freien Plätze zu bekommen.

Als sie den Kinosaal betraten, lief bereits Werbung, also hatten die beiden nichts versäumt. Bald danach begann der Film mit der gemeinsamen Zeit des Künstlerpaares auf der griechischen Insel Hydra, die Herbert einige Jahre zuvor bei einer Griechenlandrundreise ebenfalls besucht hatte. Anfangs hielt Herbert es noch für einen Zufall, aber immer wieder berührte ihn Isabel und die Berührungen wurden immer länger und intensiver. Anfangs weckten ihre Hände bei dem Neunundsechzigjährigen zärtliche Gefühle und er dachte daran, seine Nachbarin ebenfalls zu berühren. Aber je länger er darüber nachdachte, um so törichter erschien ihm die Angelegenheit. Schließlich siegte der Verstand über die aufgeflammten Gefühle. Sachte schob Herbert, der sich natürlich geschmeichelt fühlte, Isabels Hände zweimal von sich. Sie verstand sofort seine Reaktion und hielt sich von da an zurück. Nach dem Vorfall genossen beide die herrlichen Aufnahmen und die wunderschöne Musik.

Nach dem Film lud Herbert Isabel zu einem Getränk ins Café des Kinos ein. Ich wollte dich nicht beleidigen, begann er das schwierige Gespräch, ich finde dich sehr nett und auch hübsch. Wäre ich dreißig Jahre jünger und frei, hätte ich deine Hände nicht zurückgewiesen. Aber ich bin in einer festen Beziehung und beinah doppelt so alt wie du. Du verstehst mich sicher und ich hoffe, wir bleiben Freunde, denn wir alle haben dich in den wenigen Tagen, die du hier in Österreich bist, liebgewonnen. Natürlich auf einer anderen Ebene, sagte er, um keine falschen Hoffnungen aufkommen zu lassen. Isabel errötete leicht und entschuldigte sich, was Herbert natürlich sofort annahm. Ich fühlte mich so einsam, sagte sie, nicht nur hier, sondern überhaupt auf der Welt. Herbert empfahl ihr, mit Birgit darüber zu sprechen, denn er selbst wollte es aus verständlichen Gründen nicht tun. Etwas später verabschiedete sich Isabel und wurde von Bernhard abgeholt. Als sie auf die Toilette gegangen war, um sich frisch zu machen, hatte sie ihn angerufen und Bernhard dürfte sich sofort mit dem Auto auf den Weg gemacht haben.

Edelsteine

Auch die nächsten Tage vergingen für Isabel wie im Flug. Die Hälfte ihres geplanten Urlaubes war bereits vorbei, als sie Birgit ersuchte, noch drei weitere Wochen im Haus bleiben zu können. Die Hausherrin wollte eine Verlängerung aber vorher noch mit ihrem Mann besprechen, der dann meinte, dass er zwar nichts gegen einen weiteren Aufenthalt von Isabel im Haus habe, es aber für angebracht hielte, wenn sie sich ein wenig in Haus und Garten nützlich machen könnte. Im Nachhinein fragte sich Bernhard, ob er diesem längeren Aufenthalt auch dann noch zugestimmt hätte, wenn er gewusst hätte, dass sich die drei weiteren Wochen auf drei Monate ausdehnten. Nachdem Birgit Isabel die Zusage für einen verlängerten Verbleib im Haus gegeben hatte, dankte diese ihr herzlich und sagte zu ihr, dass sie noch so viele Fragen auf dem Herzen hätte, die sich besser im persönlichen Gespräch als schriftlich klären ließen. Daraufhin lud Birgit Isabel zum nächsten Hauskreis ein. Dort würde es natürlich sprachliche Probleme geben, aber Birgit sagte Isabel zu, Vorträge und Gespräche zu dolmetschen und mittels Smartphone gleichzeitig an sie weiterzuleiten. Wichtig war für Isabel, christliche Gemeinschaft kennenzulernen und sicherlich fand sie dort auch jemanden, mit dem sie sich in ihrer Muttersprache unterhalten konnte. Da das nächste Zusammentreffen in einer Woche stattfand, plante Birgit zwischenzeitlich einen Ausflug zu Renate und Erwin. Von dort war es nicht mehr allzu weit bis zur Amethyst Welt in Maissau.

Zwei Tage später war es dann so weit. Zu viert, denn auch Christine hatte sich Isabel, Birgit und Bernhard angeschlossen, kamen sie zu Mittag nach Langenlois in die Gärtnerei. Kaum waren sie aus dem Auto ausgestiegen und von Renate und Erwin herzlich begrüßt worden, begann schon die persönliche Führung durch die vier großen Folientunnel, in denen sich derzeit hauptsächlich Tomaten-, Gurken- und Paprikapflanzen befanden. Da Mittagszeit war, konnte man bei der Ernte der Früchte natürlich nicht zusehen. Die zwei Arbeiter befanden sich im Ess- und Ruheraum bei ihrer Mahlzeit. Sie begrüßten die Besucher, ließen sich aber nicht weiter stören. Danach führte Erwin seine Gäste ins Freie, um ihnen das Gemüse, das im Freiland gepflanzt worden war, zu zeigen. Es handelte sich hauptsächlich um Salatpflanzen, Zucchini und Wurzelgemüse. Dann war es Zeit für einen kleinen warmen Imbiss, den Renate für alle vorbereitet hatte. Da sie in der von Nähe von Maissau, das zwischen dem Wald- und Weinviertel am Manhartsberg liegt, für den späten Nachmittag einen Platz bei einem Heurigen reserviert hatte, fiel das Mittagessen diesmal nicht so üppig aus.

Zu fünft ging es dann los, denn Erwin hatte in der Gärtnerei zu tun. Renate fuhr von Langenlois über Straß im Straßertal zu ihrem Ziel. Links und rechts der Straße sahen sie weitläufige Weinberge und in den Ortschaften zahlreiche Kellergassen. Über Mühlbach am Manhartsberg ging es direkt nach Maissau, wo sie auf dem Parkplatz vor der Amethyst-Welt parkten. Im Umkreis der Häuser, die rund um das Ausflugsziel erbaut worden waren, befindet sich die weltweit größte freigelegte Amethystader. Da sie zu fünft beim Kauf der Eintrittskarten als Gruppe galten, zahlten sie für die Karten, die die Freunde auch zum Besuch des Edelsteinhauses berechtigte, einen verminderten Preis. Die Führerin, eine ältere Dame, brachte sie zuerst zu den Schaustollen, wo sie viel Interessantes über den Edelstein und dessen Abbau erfuhren. Der violette Amethyst, der wie Ametrin eine weitere Varietät des Minerals Quarz darstellt, ist ein weitverbreiteter Schmuckstein, wobei die dunkelviolett gefärbten Steine als die am wertvollsten gelten. Weiterhin erzählte die ältere Dame unter anderem, dass der Amethyst eine besondere Rolle in der Esoterik spielt – unter anderem bei Hildegard von Bingen, die im zwölften Jahrhundert lebte. Birgit fühlte sich darin bestätigt, dass das Interesse nach Heilung durch Heilpflanzen und ohne chemische Stoffe öfter bei Menschen vorhanden ist, die in einem engen Verhältnis zur Esoterik stehen. Aber dieser Aberglaube interessierte die Damen und Bernhard in keiner Weise. Aber einige andere Teilnehmer waren wissbegieriger und stellten viele Fragen, die die Führerin aber nur kurz und bündig beantworten konnte, denn für die Führung waren nur ungefähr eineinhalb Stunden eingeplant.

Nachdem die Gruppe durch die Schaustollen geführt worden war, ging es weiter in das Edelsteinhaus, wo man auch beim Schleifen der Steine zusehen konnte. Aber wie bei Führungen üblich, ließ nach einiger Zeit die Aufmerksamkeit nach. Eine besondere Attraktion, die man sich bis zum Schluss aufgehoben hatte, war das Edelsteinschürfen, zu dem alle Besucher der Amethyst Welt eingeladen waren. Die geschürften Edelsteine durfte man behalten und für diejenigen, die keinen Erfolg hatten, gab es ein Stück Rohamethyst zur freien Entnahme. Unsere fünf hatten die Besichtigung wirklich genossen und unterhielten sich dann noch angeregt bei einer kräftigen Jause und einigen guten Achterln Wein im Heurigenlokal. Sie sprachen angeregt über die vielen Informationen, die sie an diesem Nachmittag bekommen hatten, wobei sie nicht verstehen konnten, dass sich esoterisch angehauchte Menschen auf die Kraft von Steinen verließen. Steine, die ja nur aus Atomen und Molekülen bestehen und kein Eigenleben, keine ‚Seele' haben. Renate drängte irgendwann zum Aufbruch, da sie noch einige Arbeiten in der Gärtnerei zu erledigen hatte. Als sie in Langenlois ankamen, bedankten sich alle bei ihr für den schönen Tag und fuhren direkt nach St. Pölten.

Unser alltägliches Leben

Dort erwartete sie bereits Herbert und überraschte sie mit einem selbst gebackenen Apfel- und Heidelbeerstrudel. Blaubeerstrudel ergänzte er in Bezug auf Bernhard, der ursprünglich aus Deutschland stammte und erst nach seiner Heirat mit Birgit nach Österreich übersiedelt war. Aber wie jetzt unsere deutschen Nachbarn ihre Mohrrüben nennen sollten, da ja der erste Teil dieses Begriffs seit einiger Zeit verpönt ist, wisse auch er nicht, meinte Herbert lachend. Bald entspann sich neuerlich ein Gespräch. Obwohl alle Anwesenden heute so viele Informationen bekommen hatten, war es wieder Isabel, die eine Frage hatte. Was ich nicht verstehe, sagte sie, dass ihr oft so schnell die Themen wechseln könnt. Noch habt ihr über Alltägliches geredet, da seid ihr blitzschnell bei den großen Fragen des Lebens, meinte sie und es war ihr anzusehen, dass sie dies wirklich beschäftigte. Teils bediente sie sich ihrer Muttersprache, teils konnte sie sich schon in Deutsch klar ausdrücken. Isabel blickte Herbert an und erwartete sicher von ihm die Antwort. Dieser dachte einige Zeit nach, bevor er antwortete, denn dies war so seine Art. Wir können das Leben nicht in zwei Teile trennen, in einen alltäglichen Teil und einen unsichtbaren Bereich, nämlich den des Glaubens. Als Christen, so redete er weiter, obwohl es nicht alle im Raum waren, leben wir in zwei Welten. Einerseits gibt es die sichtbare, die uns in den täglichen Mühen für unser Überleben entgegentritt. Die uns aber auch Schönheit wie Musik, Bilder und kunstvoll gestaltete Objekte schenkt. Dadurch können wir die täglich wiederkehrenden Mühen viel leichter ertragen.

Auf der anderen Seite gibt es die nichtmaterielle, jenseitige Welt, die jeder Mensch in seinem Herzen ersehnt, aber aus eigener Kraft nicht erreichen kann.

Diese Welt ist die Welt des Glaubens, die man sich nur schenken lassen kann. Denn keinen Menschen kann es glücklich machen, wenn er Götter aus Stein und Holz anbetet, sich mit den Forderungen einer Religion abmüht bzw. einer Ideologie oder Lebensphilosophie nachjagt. Aber wenn das Wort Gottes in der Bibel unser Ohr erreicht, dann erkennen und erfahren wir Gottes Ratschläge an uns in dieser gefallenen Welt. Diese Wegweiser sind weder naiv noch idealistisch, sondern sie sind wie Leuchtbojen in der finsteren und stürmischen See unseres Lebens. Aber auch wenn wir sie hören und versuchen, danach zu leben, können wir damit keine Gemeinschaft mit Gott schaffen. Denn nur in der lebendigen Beziehung zu Gott, der Mensch geworden ist, kann die Kluft zwischen uns und dem Schöpfer und Erhalter dieser Welt überbrückt werden, führte Herbert weiter aus und machte eine Pause. Aber die Welt um uns herum bleibt leider die gleiche, meinte er.

Herbert wartete, ob es noch Zwischenfragen oder Gegenargumente gab. Da dies nicht der Fall war, fuhr er in seiner Antwort fort: Das ist zum Beispiel der große Fehler der Grünen und der Ökologiebewegung, die meint, dass die Natur sich ohne den Menschen in einem paradiesischen ökologischen Gleichgewicht befinden würde. Und ich kann mir vorstellen, dass es für manche dieser Menschen ein Problem ist, dass sie überhaupt auf der Welt sind und ihre Ressourcen zum Überbleiben benötigen. Vielleicht stehen sie täglich mit dem Mantra *mea culpa, mea culpa, meine Schuld, meine Schuld* am Morgen vor dem Spiegel und meinen dies auch noch ernst. Aber es gibt nun einmal Menschen auf der Welt und seit diese auf der Erde sind, haben sie diesen Planeten mit ihren Bedürfnissen verändert. Aber ob die Erde für neun Milliarden Menschen geschaffen wurde, ist eine andere Frage.

Aber auch ideale Vorstellungen von der politischen Ordnung können gefährlich sein, ganz gleich, ob sie von extrem rechten oder linken Ideologien ausgehen. Eine solche Einstellung hatte einst unter anderem Lenin bei einer Rede in seinem Exil in der Schweiz deutlich gemacht. Bei einem gewaltsamen Umsturz, also bei einer Revolution, dürfen wir auch unsere Freunde nicht verschonen, meinte er in seiner bösen Art. Und es ist für Österreich empörend, dass sich im Landesprogramm der Kommunistischen Partei in der Steiermark, die in der Hauptstadt (Lenin) Graz die Bürgermeisterin stellt, eine erschreckende Wahrheit findet. Denn in ihrem Parteiprogramm findet sich folgender Satz: Als Marxistinnen und Marxisten (brav gegendert!) sind wir besonders dem Erbe der Klassiker des wissenschaftlichen Sozialismus – Marx, Engels und Lenin – verpflichtet. Aber ein ähnlicher Wahnsinn findet sich auch bei der Freiheitlichen Partei in unserem Land, die eine gefährliche Nähe zum Nationalsozialismus erkennen lässt und sich als besonderer Freund der Russen im Ukrainekrieg gebärdet. Erschreckend auch hier, dass die Führer der Partei einem Mitglied der Identitären (bei dieser Gruppierung würden selbst Mitglieder der deutschen AfD vor Neid erblassen) in einem Bezirk nahe der Bundeshauptstadt die Führung einer Untergruppe der Freiheitlichen Jugend anvertraut haben.

Leider haben sich auch im Lauf der Zeit die christlichen Kirchen, die sich ja schon nach wenigen Jahrhunderten weit von dem ursprünglichen Evangelium der Bibel entfernt hatten, immer wieder extremen Strömungen angebiedert. Sei es die römische, die sich im 20. Jahrhundert der Unterstützung des faschistischen Franco-Regimes verschrieben hatte, oder die evangelische, die zur gleichen Zeit bis auf wenige Ausnahmen als Deutsche Christen den Nationalsozialismus verherrlichten. Und diejenigen aus dieser letztgenannten Kirche, die sich gegen diesen Missbrauch des Evangeliums gestellt hatten, haben es teuer mit ihrem Leben bezahlt. Aber das sind nur zwei Beispiele aus der langen Geschichte des Christentums in Europa. In Lateinamerika war Leonardo Boff auf einen anderen Zug aufgesprungen, als er in seiner antichristlichen Befreiungstheologie das böse Gespenst des Kommunismus assimilierte, ergänzte er seine Aufzählung.

Und wir dürfen auch den guten(?) Herrn Kyrill in Russland nicht vergessen, der sich derzeit als Kriegstreiber einen Namen macht. Denn vor rund 1000 Jahren führte die Abspaltung der orthodoxen Kirche zu einer Kluft zwischen Ost und West. Die zeigte sich in neuerer Zeit in den Kriegen zwischen den ehemaligen Teilstaaten des kommunistischen Jugoslawiens und in dem Angriffskrieg Russlands auf die Ukraine. In beiden Fällen sind die treibenden Kräfte bekannt, nämlich ehemalige Kommunisten, die zu fanatischen Nationalisten geworden sind. Und beide fanden Unterstützung von der herrschenden Konfession ihres Landes, nämlich der serbisch- bzw. der russisch-orthodoxen Kirche.

Daher ist eine Trennung von Kirche und Staat immer als positiv zu bewerten. Denn das krasse Gegenteil wird uns täglich in den islamischen Staaten vor Augen geführt. Auch wenn Gott für die Zukunft eine neue Erde und einen neuen Himmel versprochen hat, so brauchen wir jetzt eine Ordnung für unsere Welt, in der Form wie sie sich uns jetzt darstellt. Und wir sollten dankbar sein, wenn es eine gute Ordnung ist und versuchen, diese zu erhalten. Auch wenn es niemals eine vollkommene Regierung in dieser Welt geben wird, so ist Ordnung immer besser als Chaos. Denn eine Anarchie, die das Gegenteil von Ordnung darstellt, zerstört nicht nur die gesamte Gesellschaft, sondern auch die Förderer eines solchen Chaos. Dass die Revolution ihre eigenen Kinder frisst, ist eine These, die sich schon oft in der Menschheitsgeschichte bewahrheitet hat. Gegen diese Tatsache helfen aber keine naiven oder idealisierenden Ausflüchte, die oft gerne zitiert werden. Politiker und Staatsmänner sowie die nachgeschalteten Behörden werden nie vollkommen sein und trotzdem ermahnt uns die Bibel, der staatlichen Ordnung Gehorsam zu leisten. Vieles, was sich derzeit unter dem Deckmantel des zivilen Ungehorsams vor unseren Augen abspielt und teilweise in den Medien verherrlicht wird, ist Ungehorsam, der hart bestraft gehört.

Christian Ortner schrieb in einem Artikel der ‚Presse' vom 19.05.2023 über die wahren Motive der Klimakleber (Anm.

des Autors ‚Klimaterroristen'): ... *umso klarer, dass hinter dem Kampf gegen den Klimawandel ein Kamp, gegen unsere Art zu leben steht. Unter dem Vorwand einer ökologisch getriebenen Politik soll die Marktwirtschaft gekübelt und durch ein autoritäres, planwirtschaftlich getöntes System ersetzt werden.* Immer öfter geben das die Vertreter der letzten Generation auch offen zu. Aber der Apostel Paulus, der sich im Römerbrief (Kapitel 13, NT) am längsten mit dem Thema Gehorsam gegenüber dem Staat befasst hat, meinte abschließend zu diesem Thema, dass die Justiz ihr Schwert nicht umsonst trägt. Darüber hatte auch der Reformator Martin Luther in seiner ‚Zwei-Reiche-Lehre' eine klare Meinung, die man aber anscheinend zumindest teilweise in der Evangelischen Kirche vergessen hat.

Am nächsten Tag rief Peter Schwaiger bei Herbert, der immer mehr zur Drehscheibe des Freundeskreises wurde, an und beschwerte sich, dass man ihn über den Ausflug und das Treffen in St. Pölten nicht informiert hatte. Herbert entschuldigte sich bei ihm mit dem Hinweis, dass die Ausflügler der Meinung gewesen waren, dass er ohnehin aus beruflichen Gründen keine Zeit gehabt hätte. Peter wies darauf hin, dass er dienstlich im Bezirk Horn unterwegs war und es ihm sicherlich möglich gewesen wäre, zumindest an der erlebnisreichen Führung in der Amethyst-Welt teilzunehmen. Meinhardt versicherte Peter nochmals, dass ihm die Angelegenheit leidtue und die beiden sich in St. Pölten oder in der Umgebung der Stadt treffen könnten, sollte ihn seine Verkaufstour in diese Gegend führen. Dieser meinte daraufhin, dass er das sicher einrichten könne, und so vereinbarten sie ein Treffen für den übernächsten Tag in der ‚Seedose', einem Lokal mit guter Küche am Viehofener See. Dieses kleine Naturparadies ist nämlich ein beliebtes Erholungsgebiet für die St. Pöltner. Nachdem sich die beiden zuerst über persönliche Erlebnisse ausgetauscht hatten, nahm Peter den Spruch ‚und wir bleiben im Gespräch' allzu ernst. Denn nach nicht allzu langer Zeit begann er einen Artikel, den Herbert für eine Lokalzeitung verfasst hatte, zu kritisieren.

In diesem hatte der ehemalige Gärtner gegen eine Bevorzugung des biologischen Landbaus gegenüber konventionell hergestellten Produkten geschrieben. Ebenso kritisierte er die falsche Bezeichnung für Produktionsmittel wie den mineralischen Dünger als Kunstdünger oder den irreführenden Ausdruck für Pflanzenschutzmittel, nämlich Gift. In seiner Abhandlung nahm Herbert auch gegen den neuerlichen Anschlag der EU-Institutionen auf unsere Ernährungssicherheit und auf die Existenz der bäuerlichen Betriebe unter dem Titel ‚Renaturierung des Agrarsektors' Stellung. Diese sieht unter anderem eine Verringerung des Einsatzes von *Pestiziden* um fünfzig Prozent vor. Zum Thema Pestizide machte der ehemalige Pflanzenschutzbeauftragte in seinem Aufsatz noch einen kleinen Scherz, nämlich den, dass er noch nie gehört hätte, dass die ins Auge gefassten Pflanzenschutzmittel gegen die Pest wirkten. Und dass er dann noch die Abgeordneten der Europäischen Volkspartei, die gegen eine solche Verordnung gestimmt hatten, gelobt hatte, ging Peter total gegen den Strich. Denn dieser war der festen Meinung, dass Herbert mit seinem Artikel bestimmte Leser brüskiert und falsch informiert hätte. Er hätte besser auf seine Meinung verzichten sollen, meinte er mit erregter Stimme, so wie es jetzt üblich sei, gewisse Worte nicht mehr zu verwenden oder Bücher umzuschreiben, wenn unerwünschte Inhalte vermieden werden sollen. Dies lehnte Herbert jedoch aufs Schärfste ab. Dazu zitierte er die Schriftstellerin Donna Leon, die sich in der ‚Neuen Osnabrücker Zeitung' folgendermaßen geäußert hatte: *Im Namen von Werten und Moral redigieren die Leute die Vergangenheit um. Genauso, wie es die Kommunisten in Russland gemacht haben,* erklärte sie in dem Interview und führte weiter aus: *Wer eben noch am Tag des Sieges mitmarschierte, wurde schon im nächsten Jahr wieder aus dem Foto retuschiert. Dies ist eine neue Form der Zensur, wenn man nicht schreiben darf, was Leser kränkt, überrascht, verletzt, verstört oder in irgendeiner Weise Empfindlichkeiten berührt.* Dies erklärte die 80-Jährige mit Nachdruck. Ebenso hatte es der Star-Comedian John Cleese von der Gruppe ‚Monty Python' abgelehnt, in der Bühnenfassung von ‚Das Leben des Brian' die transkritische Stelle zu streichen. Und mit den Worten, dass er sich der Diktatur der Dummheit nicht beugen werde und eine solche Einstellung wie von Frau Leon und Herrn Cleese nur voll befürworten könne, beendete Herbert das Gespräch.

21st Century Schizoid Man

Intervall

Inzwischen war es Herbst geworden. Isabel, die sich in Österreich gut eingelebt und sich in der hiesigen Sprache schon leidlich unterhalten konnte, war noch immer bei den Mühlbergers. Sie trug sich bereits mit dem Gedanken, ihren Wohnsitz nach Österreich zu verlegen und sich eine Arbeit sowie eine eigene Wohnung zu suchen. Denn Isabel hatte im christlichen Hauskreis einen etwa vierzigjährigen Mann kennen- und lieben gelernt, mit dem sie sich eine gemeinsame Zukunft vorstellen konnte. Stefan Maier hieß der Polizist, der in der Hauptstadt seinen Dienst versah und auch dort seinen Wohnsitz hatte. Über eine zukünftige gemeinsame Wohnung hatten die beiden sich aber noch keine Gedanken gemacht. Für Renate und Erwin war die Zeit für die letzten Erntearbeiten und den Verkauf des Gemüses angebrochen. Für den Kontakt mit den Abnehmern war in erster Linie Renate zuständig, die Auslieferung übernahm vor allem Erwin. Da passierte eines Tages ein Unglück, und zwar ein ganz schlimmes. Erwin kam von einer Fahrt ins Kamptal zurück, die ihn bis nach Gars am Kamp geführt hatte. Plötzlich wurde er in Zöbing, wenige Kilometer vor Langenlois, von einem Lkw, der Erwins Fahrzeug übersehen hatte, seitlich gerammt. Eingeklemmt in seinen Bus, musste Erwin auf Rettung, Feuerwehr und Polizei warten. Er wurde von der Feuerwehr aus dem Auto geschnitten und von der Rettung ins Krankenhaus nach Krems/Donau gebracht. Die erste Untersuchung ergab, dass die linke Kniescheibe und der Unterarm auf der gegenüberliegenden Körperseite verletzt worden waren. Renate, die man sofort verständigt hatte, fuhr umgehend nach Krems.

Ihr erster Gedanke war Erleichterung, dass sich ihr Mann nicht noch mehr und vor allem keine lebensbedrohlichen Verletzungen zugezogen hatte. Der zweite aber, dass er für längere Zeit im Betrieb ausfallen wird. Sie konnte sich nicht vorstellen, wie sie die Gärtnerei mit den beiden Arbeitern führen sollte. Denn die ganze Ernte war noch nicht eingebracht und auch die Planung für den Winter und das Frühjahr war noch im Vorbereitungsstadium. Nach dem ersten Schock rief Renate die Freunde an, um ihnen von dem Unfall zu berichten. Diese vereinbarten ein Treffen für den nächsten Tag. Da natürlich auch Renate dabei sein sollte, fand die Zusammenkunft in Langenlois bei einem gemeinsamen Abendessen, das Christine vorbereiten wollte, statt. Als die Freunde beisammensaßen, sagte Peter sofort, dass man Renate und Erwin unbedingt helfen müsse. Er begann schon damit, die Rollen für die Hilfen aufzuteilen, als die anderen ihn unterbrachen. Es war die Meinung aller, dass jeder zuerst einmal einen Vorschlag machen und darlegen sollte, was er dazu beitragen könne, dem Ehepaar zu helfen. Birgit bot sich an, Renate bei der Hausarbeit zu unterstützen, damit sich diese ganz ihrer Arbeit in der Gärtnerei widmen konnte.

Herbert, der aus seiner Zeit als Gärtner mit der Führung eines Gartenbaubetriebes vertraut war, wollte die letzten Erntearbeiten mit den beiden Arbeitern durchführen und danach einen Plan für die Arbeiten im Winter und im Frühling erarbeiten. Dabei kam ihm zugute, dass er vor langer Zeit als Meisterarbeit auf dem Papier einen kleinen Gemüsebaubetrieb mit Anbauplänen und Verkaufskalkulationen zu führen hatte. Diese Arbeit hatte er noch immer in seinem Schreibtisch liegen und er hoffte, dadurch leichter mit den Vorbereitungen zurechtzukommen. Peter sagte zu, sich um die wirtschaftlichen Angelegenheiten, wie zum Beispiel die Berechnung der Abgaben und um die Bankangelegenheiten zu kümmern. Er schlug vor, dass die Freunde Geld für einen Überbrückungskredit zusammenlegen sollten, bis die Versicherung die nötigen Gelder freigab. Denn es musste unbedingt ein neues Lieferauto angeschafft werden, um die letzten Waren auszuliefern. Und das musste schnell geschehen. Bei der Unterredung wurde deutlich, dass sich bereits jeder Gedanken gemacht hatte, wie er sich im Betrieb und

Haushalt einbringen konnte. Natürlich stimmten alle für einen Überbrückungskredit, zu dem jeder einen Beitrag nach seinen wirtschaftlichen Verhältnissen leisten würde.

Nur Isabel konnte keine Zusage für ein besonderes Aufgabengebiet machen. Sie bot sich aber an, immer dort einzuspringen, wo sie gebraucht wurde und mithelfen konnte. Sie sprach inzwischen so gut Deutsch, dass sie sich in dieser Sprache verständlich ausdrücken und gut unterhalten konnte. Isabel hatte sich zwischenzeitlich entschieden, in Österreich zu bleiben. Sie hatte vor, sich als Unterstützungslehrerin für lernschwache Schüler im Englischunterricht zu bewerben. Für sie schien es schon ziemlich klar, dass sie mit Stefan Meier, dem Polizisten aus St. Pölten, den sie im Hauskreis kennengelernt hatte, zusammenbleiben würde. Beide hatten inzwischen auch schon Pläne für eine gemeinsame Wohnung in der Hauptstadt. Da Stefan auch politisch gut vernetzt war, rechnete er sich gute Chancen aus, Isabel bei ihrer Arbeitssuche helfen zu können. Nachdem alle Probleme besprochen worden waren und Christine im Heurigenlokal, das gegenüber des Wohnhauses errichtet worden war, einen Tisch gedeckt und die Speisen aus dem Auto geholt hatte, gingen die Freunde und ihre Partner zum gemütlichen Teil über. Alle waren mit dem Ergebnis der Unterredung zufrieden, vor allem Renate, die allen herzlich dankte. Sie holte aus dem Keller Traubensaft und Wein, die sie zu den vorbereiteten Wurst- und Nudelsalaten servierte. Spät am Abend gingen die Freunde auseinander und fuhren heim.

Herbert hatte sich ziemlich schnell in den Alltag der Gärtnerei eingelebt. Er blieb in dauerndem Kontakt mit Renate über seine Pläne für den Betrieb. Auch mit Erwin besprach er die notwendigen Schritte für das kommende Jahr mittels Skype. So war es nicht Herbert, der die wichtigen Entscheidungen traf, sondern die Besitzer der Gärtnerei selbst. Herbert fungierte wie ein ehrenamtlicher Geschäftsführer auf Zeit. Peter Schwaiger hatte es zwischenzeitlich aufgegeben, Erwin und Herbert vom biologischen Anbau zu überzeugen und Isabel half anfangs bei der Ernte und Verpackung der letzten Tomaten, Gurken und Paprika mit. Als auch im Freiland die Ernte eingebracht worden war, nutzte Isabel die freie Zeit, um intensiv nach einer Arbeit zu suchen. Sie nahm Kontakt zur zuständigen Schulbehörde auf und hier zeigte sich, dass Stefan Meiers politische Kontakte bereits Vorarbeit geleistet hatten. Isabel wurde sehr freundlich empfangen und man sagte ihr eine Stelle aus Aushilfslehrerin für vorerst ein halbes Jahr zu. Die Anstellung galt ab dem Beginn des zweiten Semesters des Schuljahres, das im Februar des kommenden Jahres begann und bis Ende Juni dauerte.

Nach sechs Wochen wurde Erwin aus dem Spital entlassen. Da er nicht gleich einen Platz in einer Rehabilitationseinrichtung bekam, wurde Erwin morgens und abends von einer Heimhilfe betreut, die ihn bei der täglichen Körperpflege und beim An- und Ausziehen unterstützte. So wurde Renate bei der Pflege ihres Mannes entlastet. Erwin konnte es nicht lassen, sich nun wieder aktiv um die Gärtnerei zu kümmern. Vor allem, was die Aussaat- und Pflanztermine für das Frühjahr betraf, machte er sich schon wieder reichlich Gedanken. Er übernahm Herberts Vorarbeiten fast zur Gänze, arbeitete sie aber dennoch genauer aus. Als Erwin ihn für seine Arbeit lobte, war Herbert stolz auf sich und seine Arbeit, die ihm gut gelungen war. Und dies nach einer so langen Zeit, die nach seiner Ausbildung in der Gartenbaufachschule und seiner rund zehnjährigen Tätigkeit als Gärtner verstrichen war.

Als Herbert über seinem Anbauplan für das kommende Frühjahr gebrütet hatte, fiel ihm eine kleine, zwei Jahre alte Broschüre auf, die für ein neues, computergesteuertes Bewässerungssystem warb und achtlos in einem Regal lag. Diese hatte natürlich sofort sein Interesse geweckt. Darüber sprach er noch mit Erwin bei der Übergabe seiner Aufzeichnungen. Dieser versprach, dass er die Broschüre genau durchlesen und sich im Internet darüber schlaumachen werde. Das Ergebnis seiner Überlegungen werde er ihm mitteilen, meinte er abschließend, und klopfte ihm anerkennend auf die Schulter. Als Erwin auf den Rollstuhl verzichten und mit Krücken gehen konnte, richteten Renate und er eine kleine Dankesfeier aus. Die Hausfrau hatte bei einem Heurigenwirt, den sie gut kannten und der im Nachbarort seinen Keller und Betrieb hatte, gemischte Platten mit Wurst, Käse und Aufstrichen bestellt. Für die Getränke sorgte natürlich der eigene Keller. Brot und Gebäck hatte der Bäcker schon am Vormittag vorbeigebracht.

Das Paar dankte den Freunden für ihre mannigfaltige Hilfe, die sie wirklich überrascht hatte. Dies betonten sie mehrmals. Als es nach einem herzlichen und fröhlichen Beisammensein Zeit zum Aufbruch wurde und sich alle voneinander verabschiedeten, baten Renate und Erwin ihre Freunde Birgit und Herbert um ein Gespräch. Da die Zeit schon vorgerückt war, entschied man, sich in zwei Tagen bei Birgit zu treffen. Herbert war es ein Anliegen, dass auch Isabel dabei sein sollte. Denn die Familie Nemec hatte klargemacht, dass es bei dem Gespräch um den Glauben an Jesus Christus gehen würde. Und oft zeigten Menschen, die erst vor Kurzem ihren Lebensweg gefunden hatten, eine herzliche Frische und waren noch nicht mit zu vielem Wissen belastet. Und außerdem war es für Herbert wichtig, Isabel dabeizuhaben, damit sie lernen konnte, wie man anderen Menschen die frohe Botschaft, das Evangelium, weitergibt. Renate, Erwin und Isabel waren damit einverstanden. Man wollte bei einem Frühstück den Tag beginnen und jeder war bereit, für einen Teil der Mahlzeit zu sorgen.

Neuerliche Freude

Die fünf Freunde nahmen am Frühstückstisch, auf dem schon Kaffee, Tee und Mineralwasser standen, Platz. Anwesend waren Renate, Birgit, Isabel, Erwin und Herbert. Jeder von ihnen wartete darauf, dass einer der Freunde mit dem Gespräch begann. Die Kartäuserkatze Puma, die mit Isabel aus dem Zimmer gekommen war und sich auf der Eckbank niederließ, wartete schon auf ihre Leckerlis, die die Freunde mitgebracht hatten. Aber schon während des Essens wurde klar, in welche Richtung der Gedankenaustausch sich entwickeln würde. Erwin eröffnete das Gespräch damit, dass er allen Helfern noch einmal herzlich dankte und zugab, dass das Paar Angst gehabt hatte, mit ihren Problemen allein gelassen zu werden. Aber mit so einer großzügigen Hilfe hatten wir nicht gerechnet, ergänzte er. Renate und ich, so fuhr Erwin fort, sind überzeugt, dass diese Hilfsbereitschaft und Liebe, von der auch Peter angesteckt wurde, mit eurem Glauben zu tun hat. Wir möchten mehr darüber erfahren und möglicherweise auch die Konsequenzen daraus ziehen, fügte Renate hinzu. Da begann Isabel, von der es Birgit und Herbert am wenigsten erwartet hatten, zu antworten. Ihr wisst sicherlich, dass ihr eure Tage ohne Gott lebt und seine Gebote mehrfach im Leben übertreten habt, begann sie. Allein schon das Gebot, Gott an die erste Stelle in eurem Leben zu setzen, habt ihr nicht erfüllt. So war es auch bei mir, setzte sie ihr Zeugnis fort. Aber ich habe mit Gottes Hilfe erkannt, dass Gott seinen Sohn Jesus Christus, der in seinem Leben keine Sünde oder Verfehlung begangen hat, zum Sündenopfer für alle Menschen und natürlich auch für mich gemacht hat. Und um die Vergebung und die Gerechtigkeit, mit der wir vor ihm bestehen können, in Anspruch nehmen zu können, dürfen wir Gottes Geschenk an- und Jesus Christus in unser Herz aufnehmen, erklärte sie abschließend.

Da wusste Herbert klar und deutlich, dass es richtig gewesen war, Isabel in das Gespräch miteinzubeziehen. Birgit und Herbert blieb dann nur noch übrig, das Ehepaar einzuladen, nein, zu bitten, diese Versöhnung durch Jesus Christus anzunehmen. Da ersuchte Erwin Herbert, kurz mit ihm alleine reden zu können, denn er wollte beichten, dass er Renate einmal untreu gewesen war. Er brauchte Rat, wie er sich seiner Frau gegenüber verhalten sollte. Wäre Herbert beim Gespräch der drei Damen dabei gewesen, hätte er ebenso erfahren, dass auch Renate einmal eine Nacht mit Erwins Cousin verbracht hatte. Birgit meinte dazu, dass es sicher notwendig sei – wenn auch nicht gleich – mit ihrem Mann darüber zu reden. Nach einiger Zeit kamen die fünf wieder zusammen und nun waren es Renate und Erwin, die ein paar Worte ohne die anderen miteinander reden wollten. Es dauerte keine zehn Minuten, bis beide aus dem Nebenzimmer zur Essecke zurückkehrten. Erwin überließ es Renate, die Freunde darüber zu informieren, dass sie sich beide entschieden hatten, ein Leben in der Nachfolge Jesu zu führen. Das gegenseitige Geständnis ihrer Verfehlungen hatte sie dazu gebracht, die Vergebung Gottes anzunehmen und einen Neuanfang zu wagen. Freudig zitierte Isabel die Heilige Schrift: *Ist jemand in Christus, so ist er ein neues Geschöpf. Das Alte ist vergangen und etwas ganz Neues hat begonnen (2. Korintherbrief 5:17).*

Diese Freude feierten sie mit einem Glas Prosecco, den Birgit aus dem Keller holte. Sie lud Renate und Erwin zu dem Hauskreis ein, in dem sie ihre geistliche Heimat und einige Aufgaben übernommen hatte. Denn im christlichen Leben geht es auch darum, im Glauben zu wachsen und Dienste für andere zu übernehmen. Renate und Erwin brauchten natürlich auch weiterhin die Hilfe – wenn auch nicht mehr wie im bisherigen Umfang – ihrer Freunde, die jetzt mehr waren als Freunde, sondern auch Geschwister im Glauben. Diese Unterstützung sicherten sie dem Paar zu. Es war ein wunderbarer Morgen mit köstlicher irdischer und wunderbarer himmlischer Freude zu Beginn des Tages, besser konnte es nicht sein. Denn die Freunde wuchsen immer mehr zusammen und das schenkte ihnen Vertrauen, weil sie sich aufeinander verlassen konnten. Die Gewissheit, Menschen zu kennen, auf die man bauen kann und bei denen man mit seinen Problemen nicht allein gelassen wird, gab ihnen Kraft für den zukünftigen Alltag, der sicher nicht leichter werden würde. Um nicht wieder ein neuerliches Treffen einzuberufen, berichteten Renate und Erwin ihren Freunden per E-Mail von ihrer Entscheidung. Renate und Erwin schrieben darin über das gemeinsame Gespräch beim Frühstück, bei dem Isabel alle Anwesenden mit einem kurzen, aber wirklich klaren Zeugnis ihres neu gefundenen Glaubens überzeugt hatte.

Das nahm Peter, der in der folgenden Woche beruflich in Krems/Donau zu tun hatte, zum Anlass, das Gärtnerpaar zu besuchen. Natürlich sprachen sie bei einer kleinen Jause auch über den biblischen Glauben. Wer weiß, ob denn euer Christus wirklich gelebt hat, ob er auch tatsächlich gekreuzigt wurde und auferstanden ist, fragte er mit einem kritischen Unterton. Vielleicht ist das alles nur eine fromme Legende, meinte er ergänzend, die von den Aposteln und Schreibern des Neuen Testamentes erfunden wurde? In ähnlicher Form ging die Unterredung, der es an jeder freundschaftlichen Nähe fehlte, noch einige Zeit weiter. Als sich das Gespräch weiter zuspitzte, bat Renate, die schon leicht ungehalten war, Peter zu gehen. Danach rief Erwin bei Birgit an. Da er diese nicht erreichen konnte, versuchte er es bei Herbert, der nach dreimaligem Klingeln abhob. Das Paar informierte Herbert über Peters Besuch und seine Äußerungen. Da sagte er Renate und Erwin zu, noch heute Abend mit ihnen darüber zu reden. Dies nahmen Christine und Herbert zum Anlass, schon vor dem Mittagessen nach Krems zu fahren, um die Gozzoburg zu besuchen. Dies hatten sie sich schon seit langer Zeit vorgenommen. Gemütlich aßen die beiden zu Mittag in einem Lokal an der Donau und suchten danach einen Parkplatz in der Nähe der Innenstadt, von wo aus sie zur Burg aufbrachen.

Gegen siebzehn Uhr waren sie dann in der Gärtnerei angelangt. Erwin war stolz darauf, dass er wieder ohne große Hilfe auskam, um die Gärtnerei zu führen. Zwischenzeitlich hatte er in den vier großen Folientunneln die computergesteuerte Bewässerungsanlage einbauen lassen, auf die Herbert ihn aufmerksam gemacht hatte. Sollte sich diese bewähren, sagte Erwin, würde er auch im Freiland diese Form der Bewässerung verwenden. Schön, meinte Herbert, das wird Zeit und Wasser sparen und es freut mich, dass ich dir diesen Tipp geben konnte. Aber deswegen sind wir eigentlich nicht zu euch gekommen, denn um es gleich auf den Punkt zu bringen, begann er unvermittelt das Gespräch, war Jesus Christus natürlich eine historische Person und keine Erfindung der Verfasser des Neuen Testamentes. Lasst euch von niemandem in eurer Überzeugung verwirren, denn Jesu Leben ist durch mindestens zehn außerbiblische Quellen belegt, sagte Herbert mit Nachdruck. Darunter sind die antiken Schriftsteller Flavius Josephus, Tacitus und Plinius der Jüngere, die in ihren Werken ausführlich über das Leben Jesu berichten. In ihren Schriften wird zwar mehr als deutlich, dass sie nichts für den Mann übrig gehabt hatten, der in Jerusalem grausam zu Tode gekommen war. Aber es finden sich in den historischen Abhandlungen hilfreiche Aussagen, die man gegen die zahlreichen Leugner eines historischen Jesus verwenden kann. Aber viel wichtiger ist das Zeugnis der Bibel über Jesus Christus und den Beginn der christlichen Gemeinschaft, die bis ins dritte Jahrhundert hinein ohne eigene Kirchengebäude und Priester auskam.

Denn der biblische Glaube muss gegen die unwahren Argumente, die sich zum Beispiel auch im Koran finden, verteidigt werden. Aber die Apologie, die Verteidigung der Wahrheit, ist leider unter den Christen eine beinahe aussterbende Disziplin geworden. Anstelle mit einem Imam einen unbiblischen christlichen Gottesdienst zu feiern und dabei gemeinsam zu beten, ist es um der Wahrheit willen tausendmal wichtiger, die falschen Aussagen in den islamischen Schriften über Gott und vor allem über Jesus Christus herauszuarbeiten. Darüber sollte man dann öffentlich reden und schreiben. Christine und Herbert blieben nicht allzu lange bei der Familie Nemec, da der ‚Aushilfsgärtner' einen längeren Vortrag über die falschen Vorstellungen des Buddhismus in seinen verschiedenen Ausprägungen über die Wirklichkeit des Lebens und der Befreiung vom Rad einer stofflichen Wiedergeburt vorzubereiten hatte, zu dem ihn die Volkshochschule eingeladen hatte.

Einsame Gedanken

Für Herbert war es wieder einmal so weit, dass er allein durch die Landeshauptstadt bummelte. Er verband einen Arzttermin mit dem Besuch mehrerer Kaffeehäuser. Da er von seiner Lebensgefährtin, die auf dem Weg zu ihrem Haus in Mariazell war, mit dem Auto bis in die Innenstadt gebracht worden war und er noch über eine Stunde bis zum Termin beim Orthopäden Zeit hatte, steuerte Herbert das Café des Cinema Paradiso an, in dem er gemeinsam mit Isabel den Film über das Leben des Sängers Leonhard Cohen genossen hatte. Dort nahm er im Freien Platz und bestellte sich einen Cappuccino. Da er ganz allein war, nahm er ein Buch aus seinem Rucksack und begann zu lesen. Wie Sie, liebe Leser, bereits wissen, hat der Weise immer alles bei sich. Es war eine Abhandlung über die Worte des Propheten Zephanja aus dem Alten Testament, in englischer Sprache. Die Androhungen des Gerichtes Gottes über das Volk Juda und seine feindlichen Nachbarn ließen ihn langsam die Umwelt vergessen. Die wunderschönen barocken Häuserfassaden, Kirchen und das Rathaus rückten langsam aus seinem Blickfeld und Herbert tauchte tief in das Geschehen aus der Zeit des siebten vorchristlichen Jahrhunderts ein. Von schrecklichen Gerichten über die Natur und über jene Menschen, die sich von Gott ab- und falschen Göttern zugewandt hatten oder Gott, wie man im Volksmund sagt, einen guten Mann sein ließen, war hier die Rede. Bereits zu jener Zeit, bevor Zephanja seinen prophetischen Dienst versah, prangerte der Prophet Amos im Auftrag Gottes die Oberflächlichkeit und falsche Haltung des Volkes Gottes mit folgenden Worten (Kap. 5:21–24) an: *Ich hasse und verachte eure religiösen Feste und kann eure feierlichen Zusammenkünfte nicht riechen. Hört auf mit dem Lärm eurer Lieder! Euer Harfengeklimper werde ich mir nicht länger anhören. Stattdessen will ich Recht fließen sehen und Gerechtigkeit wie einen Fluss, der niemals austrocknet.* Mit den Augen seines Herzens sah Herbert diese schrecklichen zukünftigen Ereignisse und manche von ihnen verknüpfte er mit dem alltäglichen Geschehen. Denn die Worte der Propheten Amos und Zephanja passten genau in die heutige Zeit, in der ähnliche Zustände wie damals herrschten. Das Streben nach immer mehr materiellem Besitz und die Missachtung des von Gott geschenkten Lebens, die sich besonders in der Abtreibungsfrage zeigte, waren Merkmale der Gesellschaft unserer Tage.

Als er merkte, dass der Arzttermin näher rückte, bezahlte Herbert seinen Kaffee und brach zur Praxis des Orthopäden auf. Die Worte der Propheten aber wirkten auf dem ganzen Weg dorthin in ihm nach. Nachdem er sich im Vorraum der Arztpraxis angemeldet hatte, dauerte es nur wenige Minuten, bis er aufgerufen wurde und er die notwendige Behandlung bekam. Mehrmals wurde das schmerzlindernde Medikament in seinen Rücken gespritzt und nach Auskunft des Arztes sollte die Wirkung der Arznei gut drei Wochen anhalten. Nach einem kurzen Gespräch mit dem Orthopäden über die weitere Behandlung verließ Herbert die Praxis und steuerte das nächste Kaffeehaus, das gleich um die Ecke des Ärztehauses lag, an. Da es gegen Mittag ging, bestellte er sich einen Schinkenkäsetoast und dazu eine Cola light. Herbert saß im Freien und konnte daher auch dort die kunstvollen Hausfassaden mit ihrem Stuckwerk und Gesimsen betrachten. So hatte man vor langer Zeit gebaut und heute noch waren diese Kunstwerke – denn als solche musste man diese Häuser bezeichnen – in ihrer, wenn auch restaurierten, Pracht zu bestaunen.

Dann nahm er wieder sein Buch zur Hand und begann darin erneut zu lesen. Einige Seiten weiter in diesem Büchlein wechselten die Gerichtsandrohungen mit einem Aufruf zur Umkehr zu einem gottgefälligen Leben und einer Schilderung der Liebe Gottes zu seinen Geschöpfen ab. Aber bedauerlicherweise hatten die Menschen damals Gottes Worte nicht ernst genommen und blieben weiter ungehorsam in ihren falschen Wegen, die sie schlussendlich ins Verderben führen sollten. Und wieder schlug Herbert einen fiktiven Bogen in die heutige Zeit. Denn nichts hatte sich in den folgenden Jahrtausenden der Menschheitsgeschichte verändert, und trotz Zivilisation und wissenschaftlichem Fortschritt in Teilen unserer Erde verharren die Menschen bis heute weiter im Ungehorsam Gottes Geboten gegenüber und in dauernder Gleichgültigkeit. Rund zwei Stunden blieb Herbert vor der Bäckerei, zu der das Café gehörte, sitzen. Erst nachdem er das dünne Buch fertig gelesen hatte, brach er neuerlich, in tiefe und schwere Gedanken versunken, auf. Wäre er mit seiner Lebensgefährtin unterwegs gewesen, hätte diese ihn wieder einmal dafür gerügt, dass er mit seinen Gedanken weit weg von dem ihn umgebenden Geschehen war.

Kaum nahm er die Leute wahr, als er sich zum Busbahnhof aufmachte, bis ihn kurz vor der Haltestelle am Bahnhof eine Stimme auf das Treiben in der Stadt aufmerksam machte. Es war ein früherer Arbeitskollege, der ihn zu einem Kaffee einlud, nämlich Reinhard Völker, den ein Teil seiner Kollegen liebevoll ‚Westbahnreini' genannt hatten. Denn Reinhard war neben seinem Beruf als Angestellter auch Musiker in einer Band gewesen, die bei Hochzeiten, Geschäftseröffnungen und sonstigen Anlässen für den musikalischen Rahmen sorgte. In Anlehnung an den bereits verstorbenen österreichischen Musiker Willi Resetarits, auch Ostbahnkurti genannt, hatte er diesen Spitznamen erhalten, da er seinen Wohnsitz in einem Ort nahe der Hauptstadt an der Westbahn hatte. Nachdem die beiden in gemeinsamen Erinnerungen über die alte Zeit im Büro geschwelgt hatten, fragte Reinhard plötzlich den verdutzten Herbert, ob er noch Fleisch von Tieren essen könne, die die Umwelt belasten. Denn im Vorgarten des Gasthauses saßen mehrere Gäste, die verspätet ihr Mittagessen, das in diesem Wirtshaus hauptsächlich aus Fleischgerichten bestand, einnahmen. Lediglich ein fleischloses Gericht, gebackene Champignons, stand auf der Tafel der aktuellen Gerichte.

In Zusammenhang mit der Umweltbelastung wies Reinhard darauf hin, dass laut einer Dokumentation des ZDF die Republik Irland in Erwägung gezogen hätte, aus Umweltgründen 200.000 (!) Rinder zu schlachten. Diese nach Herberts Meinung wirren Ideen waren leider auch bis nach Frankreich vorgedrungen. Nur in Deutschland, das bereits unter einem grünen Wirtschafts- und Landwirtschaftsminister litt, waren noch keine diesbezüglichen Stimmen laut geworden. Grün waren diese Minister nicht nur in politischer Hinsicht, sondern auch hinter ihren Ohren, was ihre fehlende Sachkenntnis und falschen Entscheidungen für die Zukunft des Landes betraf. Die deutsche Außenministerin dagegen zeigte ihre ‚Sachkompetenz' dadurch, dass sie 300 (!) Millionen Euro an Steuergeldern nach Südafrika verschenkte. *Mit so viel Unverstand regieren die Grünen*, dachte sich Herbert im Stillen. Er stellte sich vor, dass ihm einige kleine grüne Männchen über die Schulter blickten und ihm permanent ins Ohr raunten, dass uns eine Klimakatastrophe nach der anderen drohe. Dabei dachte er an einen Bericht im Fernsehen, in dem eine grüne NGO einen geschmolzenen Gletscher in Island mit mahnenden Worten publikumswirksam zu Grabe trug. Darüber berichtete am nächsten Tag auch eine österreichische Tageszeitung. Nur ergänzte diese den Sachverhalt damit, dass auf der Fläche des verschwundenen Gletschers im Mittelalter Getreide angebaut wurde.

Ich habe diese Doku nicht gesehen, aber darüber gelesen, meinte Herbert. Entgegen seiner üblichen Art bezog Herbert aber diesmal nicht mit klaren und deutlichen Worten Stellung gegen diese Umwelthysterie. Schweigend betrachtete er das auf der anderen Seite der Fußgängerzone liegende Stöhrhaus, eines der bedeutendsten Gebäude des Jugendstils in St. Pölten. Der Bruder des Bauherrn Hermann Stöhr, nämlich Ernst Stöhr, war Mitbegründer der Wiener Secession und hatte das herrliche Fassadenbild, das sogenannte ‚Medizin-Relief', zu Beginn des zwanzigsten Jahrhunderts gestaltet. Dieses Bild, das bei jeder Stadtführung den Besuchern gezeigt wird, zeigt eine prächtig gekleidete Frau, die eine Äskulapnatter füttert. Nach einiger Zeit des Betrachtens versuchte Herbert, das Gespräch in eine andere Richtung zu lenken. Möglicherweise hätte Reinhard noch die geistig grenzwertige Klage des ‚obersten Tierschützers' der Nation, Martin B., gegen einen Almbauern des Bundeslandes Kärnten und gegen die Almwirtschaft als solche, die er als Tierquälerei bezeichnete, zur Sprache gebracht. Denn dieser verwirrte Zeitgenosse hatte gegen einen Bauern geklagt, weil er seine Tiere nicht ausreichend vor Wölfen geschützt hatte. Dass die gleichen Leute, die schuld daran sind, dass sich Raubtiere wie Wolf und Bär in Regionen, in denen sie keinen Platz haben und auch nicht hingehören, angesiedelt wurden und sich ausgebreitet haben, sich plötzlich um das Wohl von Schafen kümmerten, grenzte nicht nur an Dummheit, sondern bereits an Bösartigkeit. Im oberitalienischen Trentino war es ja bereits zu einem tödlichen Vorfall durch einen wild gewordenen Bären gekommen, der einen Jogger angefallen und getötet hatte. Aber das kümmerte diesen sogenannten Tierschützer anscheinend nicht. Herbert war es schließlich gelungen, das Gespräch mit Reinhard in andere Bahnen zu lenken und er erzählte von der Reise der Freunde samt ihren Partnern in den hohen Norden. Da gab es genug Gesprächsstoff für eine längere Zeit, um bloß nicht eine weitere kontroverse Diskussion aufkommen zu lassen. Nachdem die beiden Exkollegen noch über ihre Kinder gesprochen hatten, verabschiedeten sie sich voneinander, wobei sie vorher noch Telefonnummern und E-Mail-Adressen ausgetauscht hatten.

Ein neuerliches Ärgernis

Wieder einmal war es Birgit, die sich über eine unsachliche Äußerung ärgerte. Nur war es diesmal nicht nur ein Wort, das ihren Unmut auslöste – so wie vor vier Jahren im Stift Göttweig am Ende einer Führung –, sondern ein ganzer Artikel in der österreichischen Tageszeitung Die Presse. Dieser war mit dem Titel ‚Im Netz der neuen religiösen Seelenfänger' überschrieben und kann unter diepresse.com/13431491 nachgelesen werden. Der Autor hatte darin geschrieben, dass die etablierten Kirchen immer mehr Mitglieder verlieren und die alternativen Freikirchen, die in Österreich rund 50.000 Mitglieder zählen, auf dem Vormarsch sind. Er bezeichnete diese Gruppierungen von vornherein als fundamentalistisch und rückte diese damit sofort in eine bestimmte Ecke. Auf eine Erklärung, worin denn dieser Fundamentalismus bestehe, verzichtete David Freudenthaler von Anfang an. Er kritisierte lediglich die wörtliche Interpretation der Bibel, an die sich diese an sich inhomogenen Gruppierungen hielten. Auch ihre Einstellung zur Abtreibung und Homosexualität war ihm ein Dorn im Auge. Zur Krönung seiner sicher nicht auf persönlicher Recherche basierenden Äußerungen ließ er ein Wortspiel, das bei den von ihm angeführten Gemeinschaften die Frohbotschaft zu einer Drohbotschaft geworden sei, anklingen. Aber nicht alles was hinkt, ist ein Vergleich oder ein Wortspiel.

Natürlich ließ der Verfasser des Artikels auch eine Sektenexpertin zu Wort kommen. Aber da ja in Österreich alles, was nicht römisch-katholisch ist, als Sekte gilt, brauchte man ihre Meinung nicht wirklich allzu ernst zu nehmen. Ja, auch die evangelische Kirche ist noch akzeptabel, denken viele, vor allem dann, wenn sie sich von Rom über die Ökumene vereinnahmen lässt. Als Birgit diesen Artikel zu Ende gelesen hatte, schickte sie ihn sofort an Herbert, Isabel, Peter und an das Gärtnerpaar Renate und Erwin. Der Erste, der diesen Artikel nach Birgit las, war Herbert und nachdem er ihn genau studiert hatte, rief er sie sofort an. Er war der Meinung, dass wieder ein Gespräch fällig sei und die Freunde danach eine Klarstellung der weit überzeichneten Inhalte an den Autor des erwähnten Artikels schicken sollten. Es war wieder Herbert, der die Angelegenheit in die Hand nahm. Da sein Wohnzimmer nicht groß genug war, um eine gemütliche Atmosphäre für ihre Zusammenkunft zu zehnt zu bieten, reservierte er nach Rücksprache mit den übrigen für den kommenden Sonntagnachmittag ein Extrazimmer in einem Gasthaus in der Nähe des Bahnhofs. Alle sagten ihr Kommen zu. Lediglich der Neue in der Gruppe, der Verlobte von Isabel, der Polizist Stefan Meier, konnte erst gegen siebzehn Uhr zu den anderen stoßen, da er an diesem Tag zum Dienst eingeteilt war. Alle hielten ihr Wort und zu neunt begann man mit dem Gespräch. Vorher hatte man noch die Bestellung der Getränke bei der Kellnerin aufgegeben. Birgit hatte den Artikel vorsorglich zu Hause ausgedruckt und jedem der Anwesenden eine Kopie zur Verfügung gestellt. Obwohl jeder den Wortlaut bereits kannte, lasen sie alle die tendenziöse Abhandlung noch einmal genau durch.

Unerwartet begann Peter das Gespräch mit der Bemerkung, dass auch die römisch-katholische Kirche viel Druck auf ihre Mitglieder ausübt bzw. in der Vergangenheit ausgeübt hatte, um ihre Schäfchen zusammenzuhalten. Er erinnere sich an ein Gespräch mit seiner Mutter, führte er weiter aus, in dem diese ihm erzählt hatte, dass sie jeden Montag am Morgen in der Schule gefragt wurde, ob sie am Sonntag in der Messe war. Unentschuldigt ferngeblieben zu sein, zog harte Konsequenzen nach sich, hatte seine Mutter noch besonders betont. Isabel empfand ein ungutes Gefühl bei Peters Erzählung über das Leben seiner Mutter, denn sie hatte ja im Klosterinternat Ähnliches erlebt. Birgit selbst konnte in dieser Sache wenig persönliche Erfahrungen beisteuern und auch Renate und Erwin, die ja erst kurz vorher zum Glauben an Jesus Christus gekommen waren, hatten nur die üblichen Erfahrungen mit dieser Kirche gemacht. Nach einer kurzen Pause begann dann Herbert ein weiteres Erlebnis aus seinem Leben zu erzählen.

Ich bin, so begann er mit klaren und deutlichen Worten, kurz nach meiner Bekehrung aus beruflichen Gründen von St. Pölten nach Krems übersiedelt, wo ich meine geistliche Heimat in einer Freikirche gesucht habe. Aber dort war ganz sicher nicht alles eitel Sonnenschein und bald gab es Spannungen mit den Verantwortlichen, den sogenannten Ältesten der Gemeinschaft. Diese Freikirche gehörte aber keinem größeren Verband an und hatte lediglich Kontakt zu einer ähnlichen Gemeinschaft in Wien. Dort fühlte ich mich sehr eingeengt, da sich die Ältesten auch in das persönliche Leben der Mitglieder einmischten, zum Beispiel auch in ihre Partnerwahl. Auch wenn diese Verantwortlichen die Bibel in rechter Weise lehrten, so war ihr Führungsstil in der Praxis dennoch oft von Starrheit und Enge geprägt. War es die Führung Gottes oder Zufall, ich kann es nicht sagen, eines Tages bekam ich ein Buch von Francis Schaeffer in die Hände, durch den in der Schweiz ein christliches Zentrum entstanden war, in dem keine Fragen tabu waren und wo kein persönlicher Druck auf die dort nach der Wahrheit Suchenden ausgeübt wurde. Natürlich gab es auch in dieser Gemeinschaft Regeln, an die sich alle zu halten hatten, denn ohne Ordnung und Regeln ist Freiheit nicht möglich. Menschen aus vielen Ländern waren in dem kleinen Ort Huemoz im Kanton Waadt in mehreren Häusern zusammengekommen, um dort Fragen zu stellen und Antworten zu erwarten. Neben persönlichen Gesprächen gab es in der Gemeinschaft eine Menge Tonträger zu den verschiedensten christlichen Themen. Auch eine große Bibliothek stand den Studierenden zur Verfügung. Einen Teil des Tages verbrachten die Gäste von L'Abri mit Haus- und Gartenarbeit, den restlichen mit dem Studium der Bücher und Kassetten. Von dort habe ich mehrmals einen Ausflug nach Lausanne, der Hauptstadt des Kantons Waad, unternommen und neben den vielen bereits südländisch aussehenden Häusern den Genfer See bewundert, erzählte Herbert mit strahlenden Augen.

Nach einer kurzen Pause erzählte er dann weiter. Die drei Monate, die ich dort verbrachte, gehören zu den schönsten meines Lebens, sagte er in freudiger Erinnerung. Ich habe dort persönlich die Wahrheit des Bibelverses *wo der Geist Gottes wirkt, da ist Freiheit* (2. Korintherbrief 3:17) in voller Tiefe erfahren. Bald nach meiner Heimkehr aus L'Abri habe ich mich dann von der Freikirche getrennt. Nicht dass dort alles schlecht gewesen wäre, nein, es waren viele liebe und hilfsbereite Menschen in dieser Gemeinschaft, aber die geistliche und geistige Starre konnte ich nicht länger ertragen. Ich will, so sagte Herbert mit Nachdruck, weder dem Autor in der Presse recht geben, der ohne rechtes Verständnis für die doch sehr komplexe Sachlage gewisse Gruppen von vorherein als sektiererisch und freiheitsberaubend abstempelt. Noch kann ich gewisse Strömungen, die in manchen Freikirchen, in denen sehr oft eine große Bibelkenntnis und auch der Wunsch, das Erkannte in die tägliche Praxis umzusetzen, vorhanden sind, von vornherein von jedem Makel freisprechen. Aber es ist schon bezeichnend, dass meist jene Gruppen, die dann eigentlich nicht mehr gebraucht werden, unter anderem Priester und Pfarrer, über die Freikirchen im besten Fall die Nase rümpfen und im schlimmsten vor ihnen warnen. Denn wenn man das allgemeine Priestertum, welches das Neue Testament lehrt, ernst nimmt, dann braucht es keine geweihten und studierten Spezialisten mehr. Sondern jedes Mitglied der Gemeinschaft ist dazu berufen, mit seinen Gaben, die Gott ihm geschenkt hat, den übrigen Mitgliedern zu dienen.

Als Herbert noch weiterreden wollte, unterbrach ihn Birgit. Wir sollten zu einem Ende des Gedankenaustauschs kommen, denn es liegt mir sehr am Herzen, unsere Gedanken zu sammeln und zu Papier zu bringen, warf sie ein. Eine Zusammenfassung würde ich dann gern dem Autor zukommen lassen, damit er erkennt, dass seine Sicht der Freikirchen nicht der Wirklichkeit entspricht.

Ich frage euch jetzt, ob es für euch alle in Ordnung ist, wenn Isabel und ich die Sache in die Hand nehmen. Da niemand etwas dagegen vorbrachte oder Bedenken hatte, wurde ihrer Bitte entsprochen. Isabel sagte noch zum Schluss, dass sie sich für das in sie gesetzte Vertrauen bedanke und sich riesig auf diese Aufgabe freue. Wäre nicht um zehn Uhr Sperrstunde gewesen und hätte der Wirt nicht bereits vor einer halben Stunde zum Aufbruch gemahnt, das gemütliche Beisammensein der Freunde hätte sicher bis nach Mitternacht gedauert. Herbert musste noch kurz von seiner Zeit in der Schweiz, die seinen Lebensweg stark beeinflusst hatte, erzählen. Unter anderem empfahl er den Anwesenden, die Bücher von Francis Schaeffer und weiteren Mitarbeitern von L'Abri zu lesen. Auch Isabel berichtete aus ihrem Leben und erzählte einige bedrückende Ereignisse aus ihrem Leben, die sie ihren Freunden bisher noch nicht mitgeteilt hatte. Es war ein schöner Abend, in dem die Liebe zueinander und ihr Interesse füreinander deutlich zu spüren waren. Fast wehmütig gingen sie auseinander und freuten sich schon darauf, einander bald wiederzusehen.

Die Aussichtswarte

Seitdem sich die ersten Freunde in Mariazell und im Zug nach St. Pölten getroffen hatten, waren mehr als eineinhalb Jahre vergangen. Über diese Begebenheit und das Entstehen der Gemeinschaft sprach Peter, als er sich mit Stefan und Herbert auf den Weg gemacht hatte, die Aussichtswarte auf dem Heiligenstein in Zöbing in der Nähe von Langenlois zu besichtigen. Erwin war zu Hause geblieben, ebenso die Frauen der drei Wanderer. Die Warte liegt in 351 Meter Höhe und man kann von oben in alle vier Viertel des Bundeslandes blicken. Da an diesem Sonntag im Juni klares Wetter herrschte, sah man auch den Ötscher und den Schneeberg in weiter Ferne. Die Aussichtswarte stellte für Peter und Stefan keine Herausforderung dar, daher gingen diese schon von Langenlois aus zu Fuß. In Zöbing trafen sie mit Herbert zusammen, der ihnen mit dem Auto nachgefahren war, da er nicht mehr so gut zu Fuß war. Den kurzen Weg auf die Anhöhe bis zum Ausblick schaffte er jedoch mit seinen Wanderstöcken. Unterwegs erzählte Stefan von seinem Leben und seiner Arbeit, auch von den beiden Verdächtigen muslimischen Glaubens, die nach Erkenntnissen der Polizei einen Terroranschlag in Wien geplant hatten. Denn zwei der drei Verdächtigen, von denen einer erst vierzehn Jahre alt war, stammten aus St. Pölten. Stefan berichtete darüber insoweit, wie es auch in den Medien zu lesen gewesen war. Mehr durfte er nicht erzählen ohne das Amtsgeheimnis zu verletzen. Angeblich hatte man auf dem Handy des Vierzehnjährigen Baupläne zur Herstellung von Bomben gefunden. Natürlich gilt die Unschuldsvermutung, sagte er abschließend. Was hätte er denn sonst sagen sollen. Dieses Grundprinzip eines rechtsstaatlichen Strafverfahrens lässt sich bis in das dreizehnte Jahrhundert zurückverfolgen.

Stefan hatte aus beruflichen Gründen einiges an Literatur über den Islam und seine Anhänger gelesen. Auch den Koran selbst habe ich studiert, meinte der Polizist. Das war das Stichwort für Peter, die beiden anderen darüber zu informieren, dass auch er die verbindliche Schrift der Muslime gelesen hatte. Herbert fragte ihn dann auch, ob er auch die Heiligen Schriften der Juden und Christen kenne. Als Peter dies verneinte, legte er ihm mit Nachdruck ans Herz, dies schleunigst nachzuholen. Denn die rudimentären Kenntnisse des Alten und Neuen Testaments, die im Religionsunterricht vermittelt werden, reichen ganz sicher nicht aus, die Unterschiede zwischen Christentum und Islam zu erkennen, betonte er. Dies kann man auch öfter im Alltag bei Menschen erkennen, die sich Christen nennen. Denn der Unterschied zwischen Bibel und Koran beginnt schon bei der Entstehung der beiden Glaubensgrundlagen. Nach der Lehre der Muslime existierte der Koran schon in seiner Originalfassung bei Gott im Himmel, bis dieser zwischen 610 und 632 n. Chr. an Mohammed offenbart wurde. Dass der Koran nicht im 7. Jahrhundert verfasst wurde, sondern bereits im Himmel vorhanden war, gehört zu den häufigsten Aussagen des Korans (Sure 21.50, 65. 10 u. a.).

Das Alte und das Neue Testament kennen jedoch keine solch wundersame und realitätsferne Entstehungsgeschichte. Die Bibel ist nach ihrem Selbstverständnis nicht im Himmel entstanden, sondern in einem Zeitraum von einhalbtausend Jahren gewachsen, indem Gott zur Abfassung der einzelnen Teile Menschen erwählt und sie mit seinem Heiligen Geist inspiriert hat. Die sechsundsechzig Bücher stammen aus den verschiedensten Zeiten und Regionen und wurden von Menschen verschiedenster Herkunft, die aus den verschiedensten sozialen Schichten stammten, verfasst. Dabei blieben aber die eigenen Fähigkeiten der Schreiber sowie ihre Ausdrucksweise erhalten. Gott hat sich aber verschiedenen Menschen in der Geschichte offenbart und ihre Niederschriften überwacht, sodass die Bibel Gottes Wahrheit und ohne Irrtum ist. Die Entstehung der Bibel ist somit nicht realitätsfremd, aber sie ist von Gottes Geist eingegeben und lehrt uns, die Wahrheit über Gott und unsere

Schuld zu erkennen. Die Verfasser der Bibel verwendeten drei Sprachen: Hebräisch, Aramäisch und eine besondere Form des Griechischen. Die Bibel wurde in eine Vielzahl von Sprachen übersetzt und jeder Mensch kann in der ihm vertrauten Sprache die Bibel lesen und zu Gott beten. Der Koran hingegen ist im Koran-Arabisch geschrieben, das als der Ausdruck höchster Vollkommenheit gilt. Daher können die täglichen Pflichtgebete der Muslime und das Glaubensbekenntnis nur in diesem Arabisch gesprochen werden. Eine persönliche Gemeinschaft mit dem lebendigen Gott ist dadurch aber ausgeschlossen. Denn die meisten Muslime verstehen diese Sprache nicht, so wie viele Katholiken die früher verwendete lateinische Liturgie nicht verstanden haben. Das hat sich erst nach der Reformation geändert, ab der die Menschen das Wort Gott selbst lesen und verstehen konnten.

Da die drei Wanderer nicht zu früh bei der Aussichtswarte sein wollten, machten sie eine Pause, um weiter über die Unterschiede des Islam und des Christentums zu diskutieren. Auch die mitgebrachten Speisen und Getränke wollten verzehrt werden. Der eingepackte Speck, das Brot und die Getränke stärkten die Freunde, die nach einer guten halben Stunde wieder aufbrachen. Zwei Unterschiede zwischen dem Islam und dem Christentum wollten Peter und Stefan noch herausarbeiten. Herbert war erstaunt über die Sachkenntnis der beiden und sagte lediglich, dass er es nicht verstehen könne, dass Pfarrer in einem evangelischen Gottesdienst mit einem Imam gemeinsam beten können, ohne in einen Gewissenskonflikt zu kommen. Anscheinend, so meinte er, sind das, wie Paulus es ausgedrückt hatte, Menschen mit zerrütteten Sinnen. Er empfahl den beiden, das achte Kapitel des Propheten Hesekiel zu lesen, in dem von jüdischen Führern die Rede ist, die im Tempel zu Jerusalem falsche Götter anbeteten und sich nach falschen Lehren richteten. Aber Gott sprach in seinem Wort an den Propheten von einer harten Strafe, die über solche Menschen kommen wird, die mit ihrem falschen Verhalten auch noch andere zur Sünde verführten.

Aber, meinte Peter, es hat doch vom Beginn des achten bis zum Ende des fünfzehnten Jahrhunderts eine Zeit der Toleranz zwischen Muslimen, Christen und Juden in Spanien gegeben. Und alle drei Gruppen haben angeblich viel voneinander gelernt. Al-Andalus nannte man diesen muslimisch beherrschten Teil Spaniens auf Arabisch und wir können aus dieser Zeit sicher auch für heute etwas lernen. Da übernahm Herbert das Gespräch: Ja, es hat diese Zeit gegeben, aber leider haben wir aus dieser Epoche keine direkten literarischen oder geschichtlichen Aufzeichnungen, sagte er. Die Verherrlichung dieser Zeit begann erst viel später, nämlich in der Romantik und im Zeitalter der Aufklärung. Ich denke da an den ‚Westöstlichen Diwan' von Johann Wolfgang von Goethe und an die Ringparabel von Gottfried Ephraim Lessing. Diese sollte den Gedanken wecken, dass es überhaupt keine Unterschiede zwischen den drei monotheistischen Religionen gibt. Aber leider irren diese beiden Schriftsteller. Denn mit der Toleranz war es in Al-Andalus nicht wirklich weit her. Sie erschöpfte sich darin, dass die Muslime Christen und Juden als Schutzbefohlene betrachteten, die die islamische Kopfsteuer, die Dschizya, zu entrichten hatten. Wurde diese bezahlt, garantierte man den Unterworfenen Schutz für ihr Leben und ihren Besitz. Weiterhin durften sie ihre Religion frei ausüben, aber nur im Geheimen. Öffentliche religiöse Veranstaltungen waren ebenso verboten wie die Missionierung der Muslime. Außerdem war festgelegt, dass kein Nichtmuslim über einen Muslim Macht ausüben durfte.

Wie wir daraus erkennen können, blieben diese Schutzbefohlenen jedoch Bürger zweiter Klasse und die Kopfsteuer diente dazu, Überlegenheit über die Unterworfenen zu demonstrieren und Nichtmuslime zum Übertritt zum Islam zu bewegen. Und auch mit der großen Gelehrsamkeit der Eroberer war es nicht so weit her, wie man allgemein annimmt. Denn das meiste technische und medizinische Wissen hatten die Eroberer aus der Antike oder von den Chinesen übernommen. Wer da immer noch an eine großartige geschichtliche Epoche glaubt, handelt wie Pippi Langstrumpf, die in ihrer Traumwelt dachte: Ich mache mir die Welt, Widdewidde, so wie sie mir gefällt. Da meinte Peter, dass auch Pippi heute nicht mehr alles sagen dürfte, denn ihre Aussagen würden von den Sprach- und Gesinnungsdiktatoren zensiert werden. Wie er das gemeint hatte, wurde aber von den beiden anderen nicht hinterfragt. Dann kam Stefan zum letzten Punkt in seiner Gegenüberstellung von Christentum und Islam und meinte vorher noch, dass auch diese Zeit von Al-Andulus durch Männer wie Karl Martell und El Cid zu ihrem Ende gekommen war.

In der Bibel, begann Stefan erneut, finden wir nicht nur viele Klagen und Zweifel von Menschen, die zu Gott gehörten. Diese wurden sogar dazu ermuntert, sich mit ihren Klagen an Gott zu wenden und ihre Zweifel in der Beziehung mit ihm zu überwinden. Im Islam dagegen sind Klagen an Gott und Zweifel an der Offenbarung durch den Koran ausgeschlossen. Sie werden als Angriff auf Gott missverstanden und sind daher in keiner Weise zu rechtfertigen. Denn im Islam, so führte Peter weiter aus, versteht man die Beziehung zu Gott als eine der totalen Unterwerfung unter seinen Schöpfer. Da sich nach dem Verständnis des Koran die Sünde des Einzelnen nicht gegen Gott, sondern gegen sich selbst richtet, kennt der Islam keine Versöhnung mit Gott. Diese ist jedoch im Christentum die zentrale Botschaft. Es ist nicht Gott, der versöhnt werden muss, sondern die Menschen müssen mit Gott versöhnt werden. Schon im Alten Testament gab es einen großen Versöhnungstag, an dem blutige Opfer dargebracht wurden. Aber da das Blut von Tieren uns nicht wirklich mit Gott versöhnen kann, brauchte es ein besseres Opfer, das die Schuld sühnt: Jesus Christus, der der wahre Hohepriester ist (Hebräerbrief 9:12, 28) und für uns sein Blut vergossen hat.

Als die drei bei der Warte ankamen, stiegen nur Peter und Stefan hinauf. Herbert begnügte sich mit einem Rundblick vom Plateau aus. Als Stefan oben angekommen war, ging er zum Geländer vor und begann zu singen. Aus voller Kehle ertönten die klaren Worte: *I'm free, I'm free, and freedom tastes of reality.* Darauf antwortete Herbert ebenso laut: *I'm free, I'm free, and I'm waiting for you to follow me.* Auf Gesang verzichtete er, denn dies wollte er seinen Freunden auf keinen Fall antun. Da Peter verdutzt zu Stefan blickte, erklärte dieser ihm, dass diese Worte aus einer Rockoper stammen, die von der Heilung eines Blindgeborenen erzählt. Und die Aufforderung zu folgen, interpretierte er als einen Wunsch Herberts, dass auch Peter ein Nachfolger Jesu Christi werden möge. Denn bei Jesus finden wir volle Freiheit. Freiheit von unserer Schuld und unserer Vergangenheit. *Denn wen der Sohn frei macht, der ist tatsächlich frei.*

Es gäbe noch viel über die Gespräche der Freunde zu erzählen; denn weil sie nicht gestorben sind, reden sie noch weiter.

Vielleicht – aber nur vielleicht – erfahren wir eines Tages noch mehr über das Leben unserer Freunde.

Epilog

Durch den Sündenfall fiel der Mensch gleichzeitig aus seinem
Zustand der Unschuld und verlor seine Herrschaft über die Natur.
Beides kann jedoch in diesem Leben teilweise
wiederhergestellt werden; erstere durch den Glauben, das
letztere durch die Künste und Wissenschaften.

(Francis Bacon)

In diesem Sinn sollte das Leben eines jeden Christen ein
Kunstwerk sein.
Ein solches Dasein sollte etwas Wahrhaftiges und Schönes
sein inmitten einer verlorenen und verzweifelnden Welt.

(Francis Schaeffer)

Dank

Ich danke allen Mitarbeitern des novum-Verlages, vor allem Frau Viktoria Pultz, die es ermöglicht haben, dass dieser Roman und meine vorher erschienen Schriften in Druck gehen konnten. Ich danke meiner Lebensgefährtin, die sich meine Ideen meist geduldig angehört hat, auch wenn sie nicht immer mit ihnen einverstanden war. Ich danke allen, die mich zu meinen Romanen inspiriert haben, auch wenn die Erfahrungen mit ihnen manchmal negativ waren. Negative Erlebnisse aber lehren Geduld und schaffen durch ihre Überwindung schöpferische Kreativität. Auch meinen Eltern, die leider schon verstorben sind, möchte ich Dank sagen, dass sie mir unter anderem eine gute schulische Ausbildung ermöglicht haben. Ebenso meinen Professoren im Gymnasium, die unendlich viel Geduld mit mir hatten, obwohl ich kein schlechter Schüler war. Danken will ich auch meinem Erlöser, der mir im Innern meines Herzens ein verändertes Leben geschenkt und eine Hoffnung auf die kommende Herrlichkeit in der ewigen Gemeinschaft mit Gott gegeben hat. Danke!

Der Autor

Erich Skopek, 1954 in St. Pölten, Österreich, geboren, besuchte nach dem Abitur im humanistischen Gymnasium die Gartenbaufachschule und schloss diese mit der Prüfung zum Gärtnermeister ab. 1987 sattelte er um und bearbeitete Insolvenzen und Rechtsangelegenheiten bei einer Versicherung. Schon als junger Mensch schrieb er Gedichte und produzierte Sendungen für den Evangeliumsrundfunk. Neben Lesen und Malen gehört auch das Reisen zu seinen Leidenschaften, zum Beispiel für acht Monate nach Indien, wohin er sich nach seiner Matura aufmachte. Inzwischen im Ruhestand, ist er ein Suchender geblieben, der sich mit drängenden lebensweltlichen und sozialpolitischen Fragen auseinandersetzt. Nach „Fünf Minuten nach zwölf", „Mitternacht der Welt" und „Fortsetzung folgt – nicht" erscheint nunmehr sein viertes Buch im novum Verlag.

Der Verlag

novum VERLAG FÜR NEUAUTOREN

> *Wer aufhört*
> *besser zu werden,*
> *hat aufgehört*
> *gut zu sein!*

Basierend auf diesem Motto ist es dem novum Verlag ein Anliegen, neue Manuskripte aufzuspüren, zu veröffentlichen und deren Autoren langfristig zu fördern. Mittlerweile gilt der 1997 gegründete und mehrfach prämierte Verlag als Spezialist für Neuautoren in Deutschland, Österreich und der Schweiz.

Für jedes neue Manuskript wird innerhalb weniger Wochen eine kostenfreie, unverbindliche Lektorats-Prüfung erstellt.

Weitere Informationen zum Verlag und seinen Büchern finden Sie im Internet unter:

www.novumverlag.com

Erich Skopek

Fünf Minuten nach zwölf

Die unbekannte Weisheit

ISBN 978-3-99131-352-6
62 Seiten

Ohne Scheuklappen übt der Autor Kritik an den derzeitigen Strömungen in Gesellschaft und Kirche. Entwickeln sich diese wie bisher, werden die Folgen schwerwiegend sein. Dieses Buch soll davor warnen.

Erich Skopek

Mitternacht der Welt

Born after midnight

ISBN 978-3-99131-956-6
98 Seiten

Es ist das Jahr 2098. Eine Zeit des Umbruchs und Wiederaufbaus beginnt. Inmitten des Chaos eines gestürzten Systems will Felix Novak Ordnung schaffen: Ordnung in der Gesellschaft, aber auch im eigenen Leben, der Liebe und vor allem in seinem Glauben.

Erich Skopek

Fortsetzung folgt – nicht

ISBN 978-3-99146-205-7
106 Seiten

Als Friedrich Baumgartner unerwartet stirbt, übernimmt der Sohn die Firma. Seine Schwester hingegen verprasst ihr Erbe. Mittellos kehrt sie heim und wird mit offenen Armen empfangen. Friedrich ist wütend, sucht Trost in der Bibel und findet seinen Weg zu Gott.